Lena Schneider

MUT ZUM *ersten* SCHRITT !

Weil Veränderung nicht warten kann

Empowerment für pädagogische
Fachkräfte in Krippe und Kita

Impressum

Bibliografische Information der Deutschen Nationalbibliothek: Die Deutsche Nationalbibliothek verzeichnet diese Publikation in der Deutschen Nationalbibliografie; detaillierte bibliografische Daten sind im Internet über dnb.dnb.de abrufbar.

© 2025 Lena Schneider
Lektorat: Nils Langer
Cover: salim hanzaz/istock
Verlag: BoD · Books on Demand GmbH, Überseering 33,
22297 Hamburg, bod@bod.de
Druck: Libri Plureos GmbH, Friedensallee 273, 22763 Hamburg
ISBN: 978-3-8192-4768-2
www.bod.de

INHALTSVERZEICHNIS

Vorwort

In deinem Arbeitsalltag in der Krippe oder Kita hast du sicherlich schon viele herausfordernde Momente erlebt. Momente, in denen du alles gibst, um die Kinder gut zu begleiten und ihren Familien zur Seite zu stehen, und dabei manchmal das Gefühl hast, dass du selbst zu kurz kommst. Damit bist du nicht allein: Umfragen in den Kitas zeigen, dass viele Fachkräfte mit ihren Arbeitsbedingungen unzufrieden sind: zu große Gruppen, viel zu oft allein im Einsatz und Stellen, die nicht nachbesetzt werden können, fordern Teams heraus (u. a. GEW 2024; SWR 2023). Psychische Erkrankungen, darunter auch Erschöpfungssyndrome wie Burnout, zählen zu den häufigsten Krankheitsursachen im Berufsfeld der frühkindlichen Bildung (Bertelsmann Stiftung 2024). Das ist alarmierend. Und gleichzeitig zeigt das deutlich: So, wie es ist, kann es nicht weitergehen. Und genau deshalb gibt es dieses Buch.

Es geht hier nicht um weitere To-Do-Listen oder gut gemeinte Ratschläge von außen. Es geht um dich. Um deine Stärke, deinen Mut und dein Recht auf eine Arbeit, die dich nicht kaputtmacht, sondern erfüllt. Empowerment bedeutet: Du darfst Entscheidungen treffen, du darfst Nein sagen, du darfst für dich einstehen und du darfst Veränderungen anstoßen. Nicht irgendwann. Jetzt.

Empowerment heißt nicht, dass du alles allein bewältigen musst. Es heißt, deine eigene Stimme zu finden und sie zu nutzen. Für dich. Für das Team. Für eine Pädagogik, die menschlich ist.

Dieses Buch dient als Bestärkung. Es zeigt Wege auf, wie du deine Bedürfnisse erkennst, Grenzen setzt und deine Stärken gezielt einsetzt. Es lädt dich ein, Neues auszuprobieren und dabei immer wieder auf dich selbst zu hören.

In den Praxisbeispielen wirst du Menschen begegnen, die wie du Veränderung anstoßen und nicht länger hinnehmen wollen, was ist. Sie haben sich bewegt, und damit auch ihr Umfeld. Veränderung beginnt selten groß. Aber sie beginnt. Mit einem ersten Schritt. Mit einer Entscheidung.

Ohne Pädagog:innen gäbe es keine Kitas und das muss auch mal so deutlich gesagt werden. Du bist das wichtigste Glied der Kette: Du schützt, schätzt, hilfst, begleitest, unterstützt, trägst, setzt um. Und trotzdem wirst du immer wieder in eine Position gedrängt, in der du keine Kontrolle über die Bedingungen hast, die deinen Arbeitsalltag bestimmen. Also: Du bist wichtig. Deine Arbeit ist wertvoll. Und du hast jedes Recht auf eine Umgebung, die dich stärkt.

Ich wünsche dir Inspiration, Rückenwind und eine ordentliche Portion Mut. Denn die Veränderung, die du dir wünschst, beginnt mit deinem ersten Schritt.

Lena

3 Tipps für dieses Buch

1. **Ja, es ist anders, und das ganz bewusst.**
   Dieses Buch ist kein weiteres Fachbuch. Es geht darum, dein Wissen neu zu denken und es auf deine Weise umzusetzen. Du entscheidest, was du mit den Inhalten machst. Nimm sie als Einladung, alte Muster zu hinterfragen und neue Wege zu gehen, für dich oder im Team.

2. **Provokant, damit wir an unsere Grenzen kommen.**
   Ja, es wird unbequem. Aber genau das ist der Punkt! Veränderung passiert nicht, wenn wir immer nur in der Komfortzone bleiben. Dieses Buch wird dich herausfordern, deine Grenzen zu erkennen, zu verschieben und sie vielleicht sogar zu sprengen. Aber das entscheidest du.

3. **Liebe dich selbst, denn du bist großartig!**
   Vergiss nicht: Du bist das Herz deiner Arbeit. Du darfst auf dich selbst achten, deine Bedürfnisse ernst nehmen und dir die Anerkennung geben, die du verdienst. Deine Stärke und dein Mut sind wegweisend für die Veränderung, sowohl für dich selbst als auch für dein Umfeld.

Die Herausforderungen in der Pädagogik

Sehen, was darunter liegt

„Es ist nie zu spät, das zu werden, was man hätte sein können."
— George Eliot

Jeden Tag begleiten wir Kinder in ihrer Entwicklung und unterstützen sie dabei, die Welt zu entdecken. Doch gleichzeitig ist die pädagogische Arbeit von zahlreichen Herausforderungen geprägt. Wenn du bereits in der Frühpädagogik tätig bist, sage ich dir mit den nachfolgenden Punkten nichts Neues. Ich habe sie trotzdem als Einstieg und zur Übersicht gewählt, weil wir darauf aufmerksam machen müssen.

Fachkräfte stehen allgemein unter enormem Druck, erfüllen viele verschiedene Aufgaben und müssen gleichzeitig mit Ressourcenengpässen und immer neuen Anforderungen umgehen. Diese Herausforderungen beeinflussen einerseits die Qualität der Arbeit, andererseits aber auch das Wohlbefinden der Fachkräfte. Wir dürfen uns nicht damit abfinden, dass diese Zustände normal sind. Null-Toleranz bedeutet, dass wir anerkennen, was schiefläuft, und uns aktiv für die Veränderungen einsetzen, die nötig sind, um die Bedingungen zu verbessern.

WAS DEN ARBEITSALLTAG BELASTET
Unterbesetzung und Personalmangel:

In vielen Einrichtungen sind die Teams chronisch unterbesetzt. Zu wenige Fachkräfte für zu viele Aufgaben: Das führt zu einer enormen Arbeitsbelastung. Besonders bei großen Gruppen (und auch unabhängig von Personalengpässen) ist der Fachkraft-Kind-Schlüssel unzureichend, was bedeutet, dass eine einzelne Fachkraft nicht immer genügend Zeit hat, um die individuellen Bedürfnisse der Kinder zu erkennen und auf sie einzugehen, auch wenn sie ihr Bestes gibt. Das kann ungewollt zu einer oberflächlichen Begleitung führen, bei der die Qualität der pädagogischen Arbeit leidet und das Gefühl der Überforderung wächst.

Auch ständig wechselnden Teamzusammenstellungen wird nicht die Aufmerksamkeit geschenkt, die sie verdienen: ein gutes Team zu werden, braucht Zeit. Das geht nicht, wenn Kolleg:innen mit kurzen Kündigungsfristen gehen, keine Übergabe oder Einarbeitung der neuen Kolleg:innen erfolgt oder die Stelle einfach zu lange unbesetzt bleibt. Auf Dauer ist das für das Team, das bleibt, zermürbend.

Unrealistische Arbeitsanforderungen:

Pädagogische Fachkräfte erledigen viele administrative Aufgaben. Sie erarbeiten umfangreiche Konzepte, füllen Formulare aus, schreiben Berichte und Briefe, gestalten Aushänge etc. All das beansprucht wertvolle Zeit. Diese Zeit fehlt dann in der Begleitung der Kinder. Auch das führt zu einem Ungleichgewicht, das das Arbeitsklima negativ beeinflussen kann. Zudem werden Aufgaben oft nicht nach den jeweiligen Stärken und Bedürfnissen der Fachkräfte aufgeteilt. Auch hier erleben sie dann Fremdbestimmung und eine Zuweisung, die ihren Interessen unter Umständen gar nicht gerecht wird. Auch willkürliche Dienstzeiten, die so ganz ohne Absprachen oder Austausch mit den Teammitgliedern festgelegt werden, können die Motivation und Leidenschaft für den Beruf auf Dauer beeinträchtigen. Und damit sind eben nicht nur die individuellen Wünsche der Kolleg:innen gemeint, sondern ihre Bedürfnisse:

- Wenn ich früh morgens nicht konzentriert und aufnahmefähig bin, ist ein Dienstbeginn um 7 Uhr eine Qual und nicht zielführend, weder für mich noch für die Kinder.

- Wenn ich eine längere Anreise habe, ist ein Start um 8 Uhr vermutlich häufig mit Stau auf der Autobahn oder vollen Zügen verbunden, was bedeutet, viel mehr Zeit einzuplanen (und unter Umständen zu früh auf der Arbeit zu sein) oder zu spät zu kommen.

- Wenn ich mittags müde bin, aber im Schlafraum bei der Begleitung der Kinder wach bleiben muss, ist diese Einteilung kontraproduktiv. Solche Dinge belasten die Abläufe (und Motivation) zusätzlich.

Fehlende Unterstützung und Fortbildungsmöglichkeiten: Jedes Kind sollte individuell wahrgenommen und begleitet werden. Nur so können wir den jeweiligen Interessen und Bedürfnissen der Kinder gerecht werden. Allerdings ist das gar nicht so einfach: Einerseits natürlich aus Zeitgründen, andererseits aber auch oft, weil das Wissen fehlt. Was brauchen neurodivergente Kinder? Wie merkt man, ob ein Kind aus dem Autismus-Spektrum in der Gruppe ist? Was ist Hochsensibilität und wie gehe ich damit um? Welche Nahrungsmittelunverträglichkeiten gibt es und wie äußern sie sich? Kinder mit Traumerfahrungen – was brauchen sie von uns und was könnte ihnen im Kita-Alltag schaden? Eltern suchen Rat und bitten nicht nur um Tipps für die Begleitung ihrer Kinder, sie greifen auch partnerschaftliche und familiäre Themen auf. Pädagog:innen stehen also vor komplexen Aufgaben und haben nicht immer die notwendige Unterstützung oder Fortbildungsmöglichkeiten zur Verfügung. Das kann schnell überfordernd wirken. Wir versuchen also permanent, den Anforderungen gerecht zu werden, ohne die nötige Sicherheit und Anleitung zu haben.

Emotionale Belastung und Verantwortung:

Pädagog:innen tragen eine große Verantwortung, sie begleiten die Kinder in ihrer Entwicklung und müssen auch in Krisensituationen einen kühlen Kopf bewahren und professionell agieren. Diese professionelle Haltung ist dann in Gefahr, wenn Fachkräfte im Stress sind. Wir tun uns also selbst keinen Gefallen, unter schlechten Bedingungen zu arbeiten! Wenn wir gestresst sind, greifen wir eher auf gewaltvolle Muster zurück, obwohl wir das gar nicht wollen. Kinder, durch die wir uns herausgefordert fühlen, wirken dann auf unser Reptiliengehirn und dieses signalisiert uns: Gefahr! Und was tun wir, wenn wir nicht fliehen können? Wir kämpfen. Also im übertragenen Sinne! Wir sind leicht reizbar, angriffslustig und schimpfen. Wir reagieren uns ab, weil der Stress natürlich abgebaut werden will. Falls das nicht geht und wir dauerhaft im *Kampfmodus* bleiben, aufgrund von personeller Unterbesetzung zum Beispiel, wird das nicht bloß für uns gefährlich, sondern vor allem für die Kinder, die auf unsere wohlwollende und unter-stützende Begleitung angewiesen sind.

Große Gruppen und schlechte Raumgestaltung:

Diesen Punkt führe ich hier noch einmal extra auf, weil er so wichtig ist. Die Gruppen sind mit zwanzig bis 25 Kindern in der Kita und bis zu zwölf Kindern in der Krippe einfach zu groß. Das ist für ein Team, das aus zwei bis drei Personen (in Voll- und Teilzeit, in der Ausbildung etc.) nicht leistbar. Personalmangel führt dazu, dass diese Gruppen oft nur von ein bis zwei Personen begleitet werden. Das reicht nicht. Zudem sind die Gruppenräume vielerorts einfach zu klein oder nicht angemessen ausgestattet. Das kann dazu führen, dass Fachkräfte aus dem eben genannten Kampfmodus heraus agieren, um allem gerecht zu werden. Doch das bedeutet einfach nur: „Ich muss irgendwie überleben!" Klar, dass das nicht gutgehen kann. Die Situation ist überfordernd!

Abkehr von alten Verhaltensweisen:

Der Wunsch, Kinder bedürfnisorientiert zu begleiten und ihre individuellen Interessen wahrzunehmen, ist eine wesentliche Säule der modernen Pädagogik. Doch dieser Anspruch kollidiert oft ungewollt mit den realen Gegebenheiten im Arbeitsalltag. Wenn der Kita-Alltag eher nach einem „Schnell-Schnell"-Prinzip gestaltet wird, bei dem die Kinder in Windeseile durch den Tag gebracht werden, weil viele Programmpunkte auf sie warten oder es anders einfach unmöglich scheint oder unüblich ist, dann lässt das wenig Raum für die individuelle Begleitung der Kinder. Heute möchten viele Fachkräfte die Zeit mit den Kindern achtsamer und zugewandter gestalten – und dazu die Möglichkeit und Unterstützung haben. Dazu müssen sich die Bedingungen und Abläufe vor Ort ebenso modernisieren und an die pädagogische Ausrichtung anpassen.

WARUM TOLERANZ FÜR SCHLECHTE ARBEITSBEDINGUNGEN KEINE LÖSUNG IST

Auf den ersten Blick mag es nachvollziehbar sein, sich mit den schlechten Arbeitsbedingungen abzufinden, vor allem, wenn man aus einer tiefen Überzeugung heraus arbeitet und sich dem Wohl der Kinder verpflichtet fühlt. Doch Toleranz gegenüber schlechten Bedingungen ist keine Lösung. Es darf also nicht so weit kommen, Überlastung und schlechte Arbeitsbedingungen als normal zu akzeptieren. Langfristig schadet diese Einstellung der eigenen Gesundheit und der Qualität der pädagogischen Arbeit. Wer ständig über seine Grenzen geht, riskiert neben einem Burnout auch das Vertrauen in die eigene Arbeit zu verlieren.

Die Frage ist: Wer passt sich wem an? Warum sollten Fachkräfte sich an ein System anpassen, das offensichtlich nicht funktioniert? Wir sind die Expert:innen auf unserem Gebiet. Wir kennen die Bedürfnisse der Kinder, wir verstehen, wie wichtig es ist, jedem einzelnen Kind gerecht zu werden und den Raum zu schaffen, den es braucht, um sich zu entwickeln. Anstatt uns den Anforderungen eines überlasteten Systems unterzuordnen, sollten wir das System dazu bringen, sich an das Wohl der Kinder und unsere fachlichen Bedürfnisse anzupassen.

Wir müssen unsere Toleranz gegenüber schlechten Arbeitsbedingungen hinterfragen und uns aktiv gegen den ständigen *Leistungsdruck* stellen, damit wir unsere Expertise nicht aus den Augen verlieren. Wir brauchen Mut, um für unsere Rechte einzutreten, gesunde Arbeitsbedingungen zu fordern und ein Umfeld zu schaffen, von dem sowohl Fachkräfte als auch Kinder profitieren können.

Leistung ist eher negativ besetzt

Wenn du an das Wort Leistung denkst, kommen dir vielleicht auch Bilder von Leistungssportler:innen, Klassenarbeiten oder Prüfungen in den Sinn. Situationen, die eine „Höchstleistung" erfordern oder eine besondere Förderung voraussetzen („Leistungssport"). Doch das wird dem Begriff eigentlich gar nicht gerecht: Denn wir sind von Natur aus **leistungsfähig** und auch darum bemüht, etwas zu leisten. Wir wollen in Übereinstimmung mit unseren Werten leben und dazu zählt auch, sich als selbstwirksam zu erfahren, also überzeugt davon zu sein, im Rahmen der eigenen Möglichkeiten gesetzte Ziele zu erreichen. Das spornt uns an und zeugt von unserer Fähigkeit, Leistung zu erbringen.

Leistungsdruck kann uns natürlich motivieren und antreiben, vor allem vor Prüfungen oder Sport-Events. Er kann uns jedoch auch belasten und schaden.

Dann gibt es noch den Aspekt der **Leistungskurve**, auf den ich später noch eingehe. Auch hier könnte das Wort eher negative Assoziationen auslösen. Dabei bedeutet es nichts anderes als *mit* uns zu arbeiten, statt *gegen* uns: Wenn wir müde sind, brauchen wir Erholung oder Schlaf. Wenn wir hungrig sind, sollten wir etwas essen. Wenn wir unkonzentriert sind, sollten wir keine Aufgaben übernehmen, die unsere volle Aufmerksamkeit verlangen.

Empowerment:
Was bedeutet das?

„Man kann einen Menschen nichts lehren, man kann ihm nur helfen, es in sich selbst zu entdecken."
– Galileo Galilei

In der Pädagogik geht es beim Empowerment nicht nur darum, anderen zu helfen, sondern auch darum, sich selbst zu ermächtigen, die eigenen Kräfte zu entdecken und die Arbeitsweise aktiv zu gestalten. Es ist der Aufstand gegen die Ohnmacht, die uns von außen aufgezwungen wird, und der Schritt in die Selbstbestimmung. Empowerment ist der Weg zu einer Pädagogik, die das Wohl der Kinder und der Fachkräfte im Blick hat. In diesem Kapitel erfährst du, wie Empowerment dir helfen kann, deine Arbeit neu zu denken, deine innere Stimme zu nutzen und die Veränderungen anzustoßen, die du in deinem Arbeitsumfeld brauchst.

DEFINITION UND BEDEUTUNG
Der Begriff Empowerment stammt ursprünglich aus dem Englischen und setzt sich aus den Wörtern „empower" (ermächtigen) und „ment" (Zustand oder Prozess) zusammen. Er bedeutet im Kern, jemanden zu befähigen oder zu ermächtigen, Kontrolle und Verantwortung über sein eigenes Leben und seine eigenen Entscheidungen zu haben (Duden 2025). Der Begriff hat seine Wurzeln in sozialen Bewegungen und wurde in den 1960er Jahren in den USA populär, insbesondere im Kontext der Bürgerrechtsbewegung und der Frauenbewegung, wo er ver-

wendet wurde, um marginalisierte Gruppen zu stärken und ihre Teilnahme an gesellschaftlichen Prozessen zu fördern. Empowerment ermöglichte, dass Menschen, die sich in einer benachteiligten oder unterdrückten Position befanden, ihre eigene Stimme nutzten und aktiv Einfluss auf die Gestaltung ihres Lebens und ihrer Umwelt nahmen. Im Bereich der Pädagogik und der Sozialarbeit wurde der Begriff später übernommen und weiterentwickelt, um die Selbstermächtigung von Einzelnen und Gruppen zu betonen – also den Prozess, in dem Menschen die Fähigkeit erlangen, ihre eigene Macht, ihre Stärken und ihr Potenzial zu erkennen und für positive Veränderungen zu nutzen.

Im Laufe der Zeit hat sich Empowerment zu einem weit verbreiteten Konzept entwickelt, das sowohl im politischen als auch im psychologischen und organisatorischen Kontext Anwendung findet. Es ist heute ein zentrales Konzept in vielen Bereichen wie Gesundheitsförderung, Psychotherapie, Teambildung und eben auch in der Pädagogik (Stangl 2025).

FOKUS AUF KINDER UND FACHKRÄFTE

Empowerment bedeutet also „Ermächtigung" oder „Stärkung" und beschreibt den Prozess, in dem Menschen die Kontrolle über ihr eigenes Leben und ihre Entscheidungen zurückgewinnen. In der Pädagogik geht es dabei um das Empowerment der Kinder und Fachkräfte. Wer sich als Pädagog:in selbstermächtigt, erkennt die eigene Kompetenz und Fähigkeit, Veränderungen zu bewirken und Verantwortung für die eigene Arbeit zu übernehmen. Statt passiv den Anforderungen und den Umständen zu folgen, geht es darum, aktiv Einfluss auf die eigene Arbeitsumgebung und die Rahmenbedingungen zu nehmen. Als Fachkraft bist du in der Lage, eigene Ideen und Interessen zu berücksichtigen, Entscheidungen zu treffen und deine berufliche Entwicklung zu gestalten. Sobald du dich mit deinen eigenen Stärken einbringst und Möglichkeiten ergreifst, ist das förderlich für deine Motivation und Zufriedenheit im Beruf. Empowerment hilft, selbstbewusster und unabhängiger zu werden und die Initiative zu ergreifen, wenn Veränderungen notwendig sind, statt nur darauf zu warten, dass andere die Lösung präsentieren.

REBELLISCH UND REAL: DEN ARBEITSALLTAG NEU DENKEN
Empowerment ist der Ruf nach Veränderung. Denn wir sind die Expert:innen für unsere Arbeit, und wir wissen, was gut ist, sowohl für uns selbst als auch für die Kinder.

Was hältst du von den folgenden Ideen?

Dienstzeiten: Du entscheidest, wann du da bist
Es ist noch viel zu selbstverständlich, dass Dienstzeiten vorgeschrieben werden, ohne die Ankommenszeit zu berücksichtigen. Warum fängt dein Arbeitstag nicht gleitend an, und zwar dann, wenn du da bist? Der Dienstbeginn sollte also nicht erst mit dem Betreten der Gruppe starten, denn was ist mit der Zeit, die du vorher brauchst, um anzukommen, dich in Ruhe umzuziehen und mental auf den Tag vorzubereiten? Warum nicht mitbestimmen, wie deine Dienstzeit aussieht? Wenn du die Verantwortung für die Abläufe übernimmst, entscheidest du auch, ob du fünf oder zehn Minuten mehr brauchst, um gut zu starten. Das gilt natürlich für das gesamte Team und in Absprache miteinander.

Pause, wann du sie brauchst

Wir wissen, wie wichtig Pausen sind. Und ja, Pausen müssen auch mal spontan sein, nicht nach einem strikten Plan. Warum auf die festgelegte Pause warten, wenn du weißt, dass du gerade dringend eine brauchst, um nicht auszubrennen? Du weißt am besten, wann du deine Batterien aufladen musst, um wieder voll da zu sein. Selbstbestimmung heißt, Pausen dann zu machen, wenn du sie wirklich brauchst, und nicht nur, weil es gerade in den Plan passt.

Du gehst aufs Klo, wenn du musst

Eine volle Blase – und das stundenlang? No way! Nicht nur total ungesund, sondern ziemlich nervig. Du bist kein Rennwagen, der ohne Boxenstopps auskommen muss. Du entscheidest über deine Zeit und deinen Körper. Wenn du eine Pause brauchst, um zu essen, zu trinken oder auf die Toilette zu gehen, dann nimm sie dir. Das ist menschlich, und es wird Zeit, dass wir das als Fachkräfte anerkennen und uns gegenseitig unterstützen.

Dienstabläufe hinterfragen und Unnötiges streichen

Jeder Arbeitstag sollte eine Einladung sein, die Arbeitsweise zu hinterfragen. Warum laufen die Dinge nicht so, wie sie laufen sollten? Was hindert uns daran, innovativer und lösungsorientierter zu arbeiten? Es geht nicht darum, in den bestehenden Strukturen zu verharren: Wir müssen sie aktiv verändern, damit es uns besser geht. Was läuft gut, was läuft schlecht, und wie können wir im Team gemeinsam Lösungen entwickeln, anstatt nur die Aufgaben abzuarbeiten, die uns der Plan vorgibt?

Keine strikten Eingewöhnungsvorgaben mehr: Kinder brauchen Zeit!

Die Eingewöhnung der Kinder gelingt nicht im Eilverfahren. Warum sollten wir an adultistischen Regeln festhalten, die uns sagen, wie viel Zeit ein Kind braucht, um anzukommen? Die Startphase muss bedürfnisorientiert und individuell gestaltet sein. Wir nehmen uns die Zeit, die das Kind braucht. Wir können nicht von Kindern erwarten, dass ihnen ein im Vorfeld festgelegtes Zeitfenster reicht, um geliebte Personen und Gewohnheiten aufzugeben und sich komplett nach uns zu richten. Jedes Ankommen ist anders, jeder Prozess braucht Zeit. Deshalb: Lass uns den Start der Kinder flexibel gestalten, ohne uns von starren Vorgaben unter Druck setzen zu lassen.

Bedürfnisorientiert arbeiten

Um bedürfnisorientiert arbeiten zu können, müssen wir die Bedingungen schaffen, damit das möglich ist. Es bedeutet, den Raum und die Zeit zu haben, wirklich auf die Kinder einzugehen. Wir müssen uns als Fachkräfte gegenseitig unterstützen, aufeinander achten und dafür sorgen, dass wir genug Zeit und Kraft für die Begleitung der Kinder haben. Die Aussage: „Ich bin heute allein hier" muss der Vergangenheit angehören, denn so ist die Arbeit in den Gruppen nicht leistbar!

Über Dokumentation und Beobachtung nachdenken: Beschäftigen wir uns nur selbst?

Klar, Dokumentation ist wichtig. Aber wie oft dient sie mehr der eigenen Beschäftigung als der tatsächlichen Entwicklung der Kinder? Muss jedes einzelne Verhalten nach einer bestimmten Vorgabe geprüft und abgehakt werden oder ein

Feld dafür ausgemalt werden? Fragen wir uns, ob unsere Dokumentation wirklich den Bedürfnissen, Interessen und Fähigkeiten der Kinder entspricht – oder ob sie uns einfach nur das Gefühl gibt, etwas „richtig" zu tun. Lass uns die Prioritäten anders setzen und überlegen, was wirklich notwendig ist und was nur unsere Zeit und Energie frisst.

- Sollten wir Personen im Team haben, die diese Aufgaben übernehmen, sodass wir mehr Zeit für die Kinder haben?
- Ist ein ganz anderes „Prüfungsverfahren" denkbar oder können wir unser eigenes Tool entwickeln?
- Und wie können Beobachtung und Dokumentation wirklich auf Augenhöhe mit Kindern sein? Haben sie beispielsweise das gleiche Recht, uns zu beobachten und über uns zu dokumentieren? Und wie würden wir uns dabei fühlen?

Familien wirklich einbeziehen

Es gibt sie, die (un)sichtbare Grenze zwischen Fachkräften und Eltern. Warum? Wir müssen aus dieser strikten Trennung ausbrechen und echte Partnerschaften mit Eltern aufbauen. Eltern sind unsere Verbündeten. Wir müssen gemeinsam nach Lösungen suchen: für die Kinder, für die Ankommenszeit am Morgen, bei der Abholzeit am Nachmittag oder Abend, für die Herausforderungen im Alltag. Gemeinsam sind wir stärker. Dabei sind Eltern Expert:innen für ihr Kind, und wir sind die Expert:innen für die Pädagogik. Durch einen ehrlichen Dialog können wir gemeinsam Wege finden, die allen Beteiligten helfen. Dann fällt auch ein Austausch über die Bedürfnisse des Kindes leichter: Was, wenn der frühe Start dem Kind nicht zugutekommt? Wenn die Aufenthaltszeit zu lang ist? Das braucht auf beiden Seiten eine gute Kommunikation und eine gute Beziehung zueinander.

Auch Eltern können sich zeitweise oder dauerhaft überlastet fühlen und sind dankbar für pädagogisches Hintergrundwissen, niedrigschwellige Tipps oder praktische Impulse, während sie versuchen, „alles auf die Reihe zu bekommen". Was zeichnet Bedürfnisorientierung aus? Darf ich Grenzen setzen? Diese Themen sind oft mit Scham- oder Schuldgefühlen verbunden. Umso wichtiger ist auch hier eine vertrauensvolle Basis, durch die niemand verurteilt oder beschämt wird.

Unsere Tätigkeit ist nicht selbstverständlich

Empowerment bedeutet auch, die Strukturen zu hinterfragen, die uns davon abhalten, unsere Arbeit richtig zu machen, und diese dann entsprechend zu verändern. Es geht darum, Verantwortung zu übernehmen, neue Ideen zu entwickeln, und vor allem: die Bedingungen so zu gestalten, dass sie sowohl uns als auch den Familien wirklich zugutekommen.

Denn was passiert, wenn wir uns diese Selbstbestimmung verwehren? Wir passen uns an ungesunde Arbeitsbedingungen an – und vielleicht schlimmer noch: wir gewöhnen uns an sie. Es ist also kein einmaliges „Heute kann ich nicht aufs Klo", sondern ein dauerhaftes Unterdrücken eines natürlichen und wichtigen Bedürfnisses! Welches Signal senden wir an Kinder? Was leben wir ihnen vor? Und was tun wir uns selbst damit an?

▸ Wenn wir uns nicht für uns selbst stark machen, wer tut es dann?

Beobachtung und Dokumentation neu denken

Die Praxis der Beobachtung und Dokumentation in ihrer heutigen Form – mit Checklisten und Abhaklisten, bei denen wir als Fachkräfte konstant abgleichen, was ein Kind „kann" oder „nicht kann" – ist sehr adultistisch. Sie steht im Widerspruch zu einem wirklich bedürfnisorientierten Ansatz, bei dem das Kind als ganzheitliches Wesen und nicht nur als Projekt oder Statistik gesehen wird.

Das Problem liegt darin, dass vorausgesetzt wird, Ergebnisse und Messbarkeit zu dokumentieren, auch wenn das nicht die Grundlage für die Beziehung zwischen Fachkraft und Kind darstellt. Indem wir bewerten und ankreuzen, was ein Kind bereits kann, bilden wir nicht die Individualität und den Prozess der kindlichen Entwicklung ab. Wir reduzieren das Kind auf eine Reihe von messbaren Punkten, die in Wahrheit nichts über seine einzigartigen Stärken, seine Persönlichkeit oder sein Potenzial aussagen.

Wenn wir ehrlich sind, machen wir diese Art der Dokumentation häufig gar nicht wirklich für das Kind, und auch nicht immer für uns als Fachkräfte. Wir tun es, weil es von uns verlangt wird, sei es durch gut gemeinte Vorgaben, um Auffälligkeiten früh festzustellen und die Interessen des Kindes zu fördern, oder auch zur Qualitätssicherung. Diese haben oftmals jedoch wenig mit der tatsächlichen Praxis zu tun, in der Beobachtung und Dokumentation mehr einem „Erledigen" vor dem Elterngespräch gleicht. Die Frage sollte also lauten: Wie können wir die Abläufe inhaltlich so gestalten, dass sie dem Kind und seiner Entwicklung dienen, im Alltag machbar und sinnvoll sind und nicht aus der Erwachsenenperspektive erfolgen?

So könnte die Aufgabe der Beobachtung und Einschätzung zum Beispiel an die Psycholog:innen im Team gegeben werden, die mit ihrer Expertise differenziertere Aussagen über die Entwicklung eines Kindes treffen können, falls das notwendig ist. Das müssen nicht die Pädagog:innen leisten, um die Ergebnisse dann im nächsten Elterngespräch zu präsentieren. In dieser Rolle fühlen sich viele Fachkräfte auch einfach nicht wohl. Wie viel entspannender wäre es, wenn wir im Rahmen dieser Treffen gemeinsam über den Alltag sprechen könnten, Fotos zeigen, das Kind erzählen lassen, was es mag/nicht mag, was es sich von Fachkräften/Eltern wünscht, womit es gerade beschäftigt ist… Nicht in Form von Texten, die für das Kind aufgeschrieben wurden, sondern in Form von Bildern, Illustrationen, Zeichnungen oder auch Videos, in die sich das Kind jederzeit einfühlen kann.

Folgende Fragen sollten wir uns stellen:

• **Was wollen wir damit erreichen?** Geht es um Messbarkeit und Vergleiche, um die Entwicklung und Lernerfolge der Kinder oder darum zu zeigen, was die Kinder in der Kita erleben, weil Eltern diese Einblicke schätzen?

• **Für wen müssen wir Lernerfolge sichtbar machen**? Wenn wir davon ausgehen, dass Lernen etwas Natürliches ist, warum hinterfragen wir dann nicht eher die Lernbedingungen, die Kinder vorfinden und für die wir verantwortlich sind?

• **Was wünschen sich die Kinder?** Welche Utensilien (wie Kamera, Diktiergerät) und Visualisierungstechniken (Fotos, Zeichnungen) ermöglichen ihnen, den Dokumentationsprozess nach ihren Interessen zu gestalten?

• **Wie gehen wir darüber ins Gespräch?** Sprechen wir *über* die Kinder oder *mit* ihnen?

Aus der Praxis: Die Kita als Start-Up

Serafina (31) hat keinen typischen Lebenslauf. Nach drei Jahren im Start-Up war sie es gewohnt, morgens mit einem Cappuccino ins Büro zu kommen, gemeinsam mit dem Team über den Tag zu entscheiden, neue Ideen auszuprobieren, Fehler feiern zu dürfen und sich als Teil von etwas Größerem zu fühlen. Jetzt ist sie seit sieben Jahren in der Kita und fragt sich immer öfter: „Warum fühlt sich hier alles so einengend an?" Was sie stört, ist nicht die Arbeit in den Gruppen, die liebt sie. Es ist das kollektive Schweigen im Team, der Frust, der sich zwischen Kaffeemaschine und Garderobe aufstaut, das ewige „so war es schon immer". Wenn man sich hier gegenseitig lobt, wirkt es wie ein Versehen. Doch statt sich zu beschweren, stellt sich Serafina die Frage:

☞ Was, wenn wir unsere Kita wie ein Start-Up führen würden: voller Ideen, mit flachen Hierarchien, kurzen Wegen und echter Teamkultur?

🚀 Die Idee: Empowerment im Team

Serafina startet mit kleinen Schritten:

- Sie hängt eine Mut-Wand im Teamraum auf. Eine große Pinnwand mit Zetteln, auf denen steht: Was willst du schon lange mal verändern?
- Sie führt ein Morgenbriefing ein. Keine lange Dienstbesprechung, eher ein 5-Minuten-Check-In im Stehen, bei dem jede:r sagen kann, was gut läuft und was gerade schwerfällt.
- Sie fragt ihre Kolleg:innen beim Vorbeigehen: Was würdest du tun, wenn du heute das Sagen hättest?

Erst wird sie belächelt. Dann machen zwei Kolleginnen mit. Dann kommt die Leitung dazu, etwas skeptisch, aber doch

sehr neugierig. In der dritten Woche sagt eine Kollegin: „Ich will morgens keine Übergabe mehr zwischen Tür und Angel. Ich brauche zehn Minuten zum Ankommen."
Niemand widerspricht.

🏆 Der Effekt: Ein neues Teamgefühl
Nach zwei Monaten hat das Team:

- die Dienstpläne überarbeitet, sodass eine tägliche Ankommenszeit eingeplant ist,
- ein neues Eingewöhnungskonzept beschlossen: individuell und nicht starr nach Vorschrift,
- eine flexible Pausenregelung vereinbart,
- eine „Ideen-Session" pro Monat eingeführt.

Serafina sagt:
„Es geht nicht darum, alles anders zu machen. Es geht darum, sich die Erlaubnis zu geben, Dinge zu hinterfragen. Und das geht am besten gemeinsam."

💡 Deine Inspiration:
▶ Stell dir vor, deine Kita ist ein Start-Up. Euch gibt es seit drei Monaten, ihr seid voller Ideen und Tatendrang, habt Zeit für Gespräche und Brainstorming-Sessions. Was bedeutet das für: euren Start in den Tag, eure Gespräche, euer Mindset?

Empowerment bedeutet nicht, dass du auf den perfekten Moment wartest. Es bedeutet, dass du den Mut hast, den ersten Schritt zu gehen, und damit vielleicht auch andere in Bewegung bringst.

Pädagogische Haltung im Alltag leben

„Die Welt, wie wir sie geschaffen haben, ist das Ergebnis unseres Denkens. Sie kann nicht verändert werden, ohne unser Denken zu verändern."
– Albert Einstein

Haltung ist so ein großes Wort. Es taucht in der Pädagogik überall auf oder ist unterschwellig dabei. Und das macht Haltung schwer greifbar: Sie ist nicht nur das, was wir sagen, sondern auch das, was zwischen den Zeilen mitschwingt. Haltung zeigt sich im Tun, in der Art, wie wir Kinder begleiten, wie wir Konflikten begegnen, wie wir mit Grenzen umgehen oder wann wir Nähe zulassen. Sie zeigt sich besonders dann, wenn es schwierig wird. Wenn es laut wird. Wenn Tränen fließen. Wenn ein Kind tritt, schreit oder durch Worte oder Verhalten sagt: „Das will ich jetzt gerade nicht!" Wenn wir an unsere eigenen Grenzen stoßen, wenn wir merken, dass wir die Fassung verlieren, um Worte ringen, wenn der Kopf rauscht und das Herz schneller schlägt. In diesen Momenten wird unsere pädagogische Haltung deutlich. Und damit auch unsere Werte. Das, was uns trägt und was wir weitergeben. Haltung ist spürbar, hörbar und sichtbar. Für Kinder, für Kolleg:innen, für Eltern, und manchmal, mit etwas Abstand, auch für uns selbst.

HALTUNG ZEIGT SICH IM MOMENT

Haltung ist nicht das, was du sagst, wenn du Zeit hast und alles ruhig ist. Haltung zeigt sich, wenn ein Kind dich anbrüllt. Wenn ein Kollege grummelig ist. Wenn eine Mutter dich mit Nachdruck von ihrem Instagram-Wissen über kindliche Entwicklung überzeugen will.

In diesen Momenten wird sichtbar, wer du bist. Und was du von Kindern hältst. Und ob du deinen eigenen Wert kennst. Nicht, weil du perfekt reagierst. Vielmehr, weil du authentisch bleibst.

Haltung heißt:

- Ich sehe Kinder als eigenständige Persönlichkeiten.
- Ich glaube daran, dass Entwicklung nicht linear, sondern lebendig ist.
- Ich achte auf meine Macht und setze sie bewusst, liebevoll und reflektiert ein.

DA SEIN UND DABEI BLEIBEN

Was Kinder vor allem brauchen, sind Menschen, die bleiben. Die nicht zurückschrecken, wenn es schwierig wird. Die da sind und mit einem ruhigen Blick und einer offenen Haltung signalisieren: „Ich sehe dich. Ich bin bei dir." Es ist der Moment, wenn wir uns in aller Ruhe zu einem Kind setzen, das sich weinend in die Ecke zurückgezogen hat, aber nicht gern allein ist. Es ist das leise „Ich bin hier", während ein Kind wütend auf den Boden trommelt, aber Nähe sucht. Wir haben gelernt, dass wir dann eingreifen, durchgreifen, regeln. Doch es ist viel wirkungsvoller, innerlich einen Schritt zurückzutreten. Durchzuatmen. Dem Gefühl, das da gerade ist – bei uns selbst und beim Kind – Raum zu geben. Und dann aus einer Haltung heraus zu handeln, die nicht darauf abzielt, die Kinder oder ihr Verhalten zu kontrollieren.

Wenn wir Grenzen setzen, dann nicht aus unserer Macht und Überlegenheit heraus, sondern aus einem inneren Kompass, der zeigt: Hier braucht das Kind Schutz. Hier braucht die Situation Klarheit. Hier darf ein Kind spüren, dass es gehalten wird, vor allem wenn es sich gerade selbst nicht mehr halten kann. „Ich halte dich", das heißt manchmal wörtlich: dem Kind anbieten, es sanft in den Arm zu nehmen. Und manchmal heißt es einfach: die Spannung auszuhalten. Da zu bleiben. Dem Kind zu zeigen: „Ich bin für dich da." Diese Art von Beziehung ist nicht fordernd oder dominant. Sie ist nicht darauf aus, Recht zu haben. Sie ist mutig, weil sie sich traut, sanft und feinfühlig zu sein. In einer Welt, in der mehr Leistung, Ordnung und Kontrolle gefragt sind, braucht es diesen Mut ganz besonders. Den Mut, nicht über das Kind hinwegzugehen und stattdessen bei ihm zu bleiben. Den Mut, nicht schneller zu reagieren, als uns lieb ist. Den Mut, innezuhalten, auch wenn das nicht unbedingt das ist, was von außen erwartet wird.

Im Alltag mit Kindern geht es darum, präsent zu sein. Kinder spüren, ob wir sie wahrnehmen oder ob wir ihnen etwas vormachen. Sie spüren, ob unsere Worte deckungsgleich sind mit dem, was unsere Körperhaltung, unsere Gesten und unser Blick sagen. Deshalb ist Haltung auch nichts, das man anwendet. Sie ist etwas, das man lebt. Und manchmal beginnt es damit, dass wir uns selbst halten. Mit all unseren Zweifeln, mit der Erschöpfung an einem langen Tag, mit der Unsicherheit, ob wir gerade das Richtige tun.

Wer sich selbst mitfühlend begegnen kann, dem fällt es leichter, auch anderen in schwierigen Momenten liebevoll zu begegnen. Es ist schwer, mit Kindern feinfühlig zu sein, wenn du dich selbst ständig verurteilst. Wenn du in der Regel streng mit dir bist, wirst du auch eher streng mit anderen sein. Also ja: Haltung beginnt bei dir. Stell dir jeden Morgen die Frage: „Wie möchte ich heute anderen begegnen und auch mir selbst?"

Am Ende ist es vielleicht genau das, worauf es ankommt: dieses stille, oft unausgesprochene Versprechen, das Kinder spüren, selbst wenn Worte dafür fehlen: „Du bist nicht allein. Ich bin da. Ich halte dich, vor allem dann, wenn du dich selbst nicht (aus)halten kannst."

🚫 **Haltung ist nicht:**

- Alles richtig machen wollen.
- Immer nett sein.
- Konflikte vermeiden.
- Deine Bedürfnisse ignorieren.

☑ **Haltung ist:**

- Klar sein.
- Warmherzig sein.
- Dabei bleiben: Gefühle aushalten und begleiten.
- Und das Wichtigste: Dich immer wieder neu hinterfragen. Und kennenlernen.

Aus der Praxis: Haltung zeigen

Melek (29) hat Soziale Arbeit studiert. Ihr Herz schlägt für Bildungsgerechtigkeit und für eine klare Haltung. Seit zwei Jahren arbeitet sie in einer Kita in einem Stadtviertel, das von kultureller Vielfalt und Mehrsprachigkeit geprägt ist. Was Melek antreibt, ist die Überzeugung: Jedes Kind hat das Recht auf einen guten Start. Doch was heißt das konkret?

☞ Wie zeigt sich Haltung unabhängig von Konzepten und Leitbildern?

Melek fällt auf: Im Team wird viel über Regeln gesprochen, aber wenig über Werte. Wenn ein Kind „schwierig" ist, wird schnell über Konsequenzen geredet, aber selten über Ursachen. Wenn Eltern Termine nicht einhalten, werden pauschale Urteile gefällt wie: „So sind die halt." Melek beginnt, das zu hinterfragen.

🚀 Die Idee: Haltung sichtbar machen

Statt mit Vorwürfen zu reagieren, geht Melek in die Handlung. Sie startet ein Mini-Projekt:

- Ein Haltungstagebuch. Jede Woche bringt sie einen Impuls ins Team: „Wann hast du zuletzt ein Kind wirklich gesehen, jenseits seines Verhaltens?"

- Situationen neu erzählen. Bei Fallbesprechungen fragt sie: „Was wäre, wenn wir das Kind als Experte für seine eigene Lebenswelt sehen?"

- Ein Elterncafé auf Augenhöhe. Nicht im Sinne einer Infoveranstaltung, sondern als Austausch mit Fragen wie: „Was wünschen Sie sich für Ihr Kind und wie können wir das gemeinsam erreichen?"

🏆 Der Effekt: Haltung wird zur Kultur

Drei Monate später hat das Team:

- Ein „Werte-Board" im Flur hängen. Dort stehen Begriffe wie Zutrauen, Begegnung auf Augenhöhe, Fehlerfreundlichkeit.

- Neue Reflexionsrunden eingeführt, als Austausch: „Wie ging's dir heute im Kontakt mit den Kindern/Eltern?"

- Die Startphase (Eingewöhnung) angepasst. Fachkräfte bringen sich mit ihrer eigenen Vielseitigkeit und ihren interkulturellen Erfahrungen ein, um den Einstieg in den Kita-Alltag für die Familien zu erleichtern.

- Einen Elternbrief in mehreren Sprachen und mit Illustrationen gestaltet, damit Informationen auch ohne viel Text zugänglich sind.

Melek sagt:

„Pädagogische Haltung zeigt sich im Kleinen, wie ich ein Kind anschaue, wie ich über Familien spreche, wie ich mit mir selbst umgehe, wenn ich überfordert bin."

💡 Deine Inspiration:

▸ Stell dir vor, ihr begegnet Familien vor allem zu Beginn in den Sprachen, die ihnen vertraut sind. Was ändert sich in der Zusammenarbeit im Team und mit den Familien? Wie fühlen sich die Kinder?

Pädagogische Haltung zu leben, heißt nicht, perfekt zu sein. Es heißt, sich jeden Tag neu zu entscheiden, nämlich für Menschlichkeit, Dialog und Entwicklung.

Reflektieren statt Reagieren

„Ich allein kann die Welt nicht verändern, aber ich kann einen Stein über das Wasser werfen, um viele Wellen zu erzeugen."
– Mutter Teresa

In der pädagogischen Arbeit sprechen wir viel von Entwicklung, von kindlicher Neugier, von Lernprozessen, vom Wachsen. Wir begleiten Kinder beim Loslassen, beim Ausprobieren, beim Neudenken. Wir trauen ihnen zu, dass sie sich verändern. Aber was ist mit uns? Mit unserer eigenen Entwicklung? Was ist mit der Bereitschaft, auch die eigene Haltung, das eigene Tun immer wieder neu anzuschauen?

OFFEN SEIN FÜR VERÄNDERUNG
Für viele Fachkräfte ist das Thema Reflexion mit einem mulmigen Gefühl verbunden. Vielleicht, weil sie es nie gelernt haben. Vielleicht, weil sie befürchten, dann Fehler einzugestehen oder etwas loslassen zu müssen, das ihnen lange Halt gegeben hat. Vielleicht auch, weil sie schlicht nicht glauben, dass sich wirklich etwas ändern kann.

„Das bringt doch eh nichts", heißt es dann. Oder: „Früher hat das auch funktioniert." Oder: „Jetzt soll schon wieder alles neu sein … Warum kann Pädagogik nicht einfach bleiben, wie sie ist?"

Solche Sätze müssen gar nicht ablehnend gemeint sein. Sie sind ein Zeichen dafür, dass etwas in Bewegung geraten ist, und dass diese Bewegung verunsichert, ist ja auch verständlich. Veränderung fühlt sich nicht immer gut an. Sie konfrontiert uns mit dem Unbekannten, manchmal mit dem Unausgesprochenen. Sie lockt uns aus der Bequemlichkeit heraus. Mit Fragen, auf die es keine schnellen Antworten gibt.

Manchmal ist es auch ein Zeichen unserer eigenen Verletzung, wenn wir unsere Erfahrungen weitergeben, ohne sie zu reflektieren: Wenn wir in unserer Kindheit verletzt, eingeschränkt, vielleicht sogar zum Stillsitzen oder Aufessen gezwungen wurden, kann das erstmal unser heutiges Verhalten gegenüber Kindern erklären, im Zuge neuer Erkenntnisse und Studien aber nicht mehr rechtfertigen.

WENN STRATEGIEN FEHLEN

Wenn wir uns auf Neues einlassen, haben wir selbst noch keine fertigen Strategien. Kein eingeübtes Repertoire. Kein Sicherheitsnetz aus Erfahrung. Stattdessen stehen wir manchmal genau da, wo auch Kinder immer wieder stehen: an der Schwelle zwischen dem Vertrauten und dem Unbekannten.

Wir spüren, dass etwas nicht mehr trägt, aber wissen noch nicht genau, was an seine Stelle treten soll. Diese Unsicherheit fühlt sich manchmal wie ein Rückschritt an, jedoch hilft sie uns dabei, ein neues Verständnis aufzubauen. Und wie bei Kindern braucht auch unser Lernen Geduld. Ermutigung. Räume, in denen Fehler erlaubt sind. Menschen, die uns begleiten. Nicht weil wir unfähig sind, das allein zu bewältigen, sondern weil wir uns gegenseitig stärken können.

Was ist Reflexion überhaupt – und was nicht?

- Keine Selbstkritik mit erhobenem Zeigefinger

- Keine ewige Grübelei oder ständige Selbstoptimierung

- Stattdessen: der Blick hinter die eigene Reaktion

- Fragen, die zählen:
  – Warum hat mich das Kind heute so aus der Fassung gebracht?
  – Wieso hat mich der Kommentar der Kollegin so getroffen?
  – Wo habe ich heute Beziehung vor Regeln gestellt, oder auch nicht?

Reflexion ist eine Einladung, tiefer einzutauchen. Nicht, um einander zu bewerten, sondern um Absichten und Handlungen zu verstehen. Und um das, was wir tun, bewusster, klarer und auch stimmiger zu gestalten.

Wer nicht gelernt hat zu reflektieren, hat womöglich gelernt, sich zu schützen. Vor Kritik. Vor Überforderung. Vor Veränderung. Und doch ist genau dieses Innehalten – dieses Fragen: Warum mache ich das eigentlich so? Was löst das in mir aus? Was bewirkt es beim Kind? – weichenstellend für Entwicklung. Denn Pädagogik ist veränderbar. Kinder verändern sich. Gesellschaft verändert sich. Wissen verändert sich. Was gestern noch „normal" war, kann heute zu kurz greifen. Das muss nicht daran liegen, dass es schlecht war, sondern zeigt einfach, dass wir uns weiterentwickeln. Und das ist ein natürlicher Prozess, der uns Menschen von der Höhle ins Haus gebracht hat. Es bedeutet, dass wir in Bewegung bleiben. Dass wir bereit sind, hinzuschauen. Und dass wir das, was wir tun, regelmäßig mit dem abgleichen, was Kinder heute brauchen. Zu sagen: „Ich weiß nicht alles. Aber ich bin bereit zu lernen." Zu spüren: „Das fühlt sich nicht mehr stimmig an. Ich schau nochmal hin." Zu merken: „Ich reagiere immer gleich, aber vielleicht geht es auch anders." Reflexion bedeutet auch, sich immer wieder neu zu finden. Im Gespräch mit Kolleg:innen, in Fortbildungen oder in besonders anstrengenden Zeiten. Und sich diese Weiterentwicklung auch zu schenken im Bewusstsein, dass wir lebenslang lernen, umdenken und uns neu ausrichten können.

FORMEN DER REFLEXION

✏ Selbstreflexion

- Tagebuch, Sprachnotizen, Gedankenpausen
- Fragen wie: Was hätte ich mir heute von mir selbst gewünscht?

💬 Kollegiale Reflexion

- Fallbesprechungen, Team-Feedbackrunden, Tür- und-Angel-Gespräche
- Wichtig: Nicht werten!

🧠 Externe Reflexion

- Supervision, Fortbildungen, Coaching
- Ein Zeichen von Professionalität.

Aus der Praxis: Reflexion vor Reaktion

Jana (54) bezeichnet sich selbst als „Kita-Urgestein". Seit mehr als dreißig Jahren ist sie dabei, sehr erfahren, engagiert, ausgestattet mit einer großen Portion Humor. Sie weiß, wie sie gleichzeitig Isabel tröstet, Anton den Apfel schneidet und die Aquarellfarben am Maltisch im Auge behält. Doch seit einiger Zeit merkt sie: Es kippt. Die Kinder wirken unruhiger. Die Eltern fordernder. Das Team oft gestresst. Und Jana, die als Fels in der Brandung gilt, merkt, dass sie öfter vorschnell und gereizt reagiert.

☞ Die Frage: Wie komme ich aus dem Reiz-Reaktions-Modus raus und rein in echte Präsenz?

🚀 Die Idee: Stop, Think, Feel

Jana beschließt, bewusst innezuhalten, bevor sie handelt. Eine einfache Methode, die sie im Alltag umsetzen kann:

- STOPP! Sie malt oder klebt sich kleine bunte Punkte auf die Hand oder in ihr Blickfeld. Jeder Punkt erinnert sie daran: „Du musst nicht sofort reagieren."

- DENKEN. Statt sich direkt aufzuregen, fragt sie sich: Was sehe ich gerade? Und was deute ich da hinein?

- FÜHLEN. Sie nimmt wahr, wie sich die Gedanken anfühlen und wo sie sie im Körper spürt.

Am Abend schreibt sie drei Sätze in ihr Notizbuch zu den Überschriften: Das hat mich heute getriggert. – Das ist der Grund dafür. – Das brauche ich beim nächsten Mal.

Als sie ihrem Kollegen davon erzählt, sagt er: „Das probiere ich auch mal aus."

🌱 Der Effekt: Vom Reiz zur Reflexion

Nach ein paar Wochen haben Jana und ihr Team

- Ein Reflexionsfenster eingeführt: fünfzehn Minuten jeden Mittwoch. Zeit, um über das eigene Handeln zu sprechen, frei von Wertung.

- Eine Ampel im Teamraum aufgehängt. Rot heißt: „Ich brauche kurz Ruhe", Gelb steht für: „Ich bin ansprechbar, aber gestresst", Grün bedeutet: „Ich habe Kapazitäten."

- Eine Trigger-Liste gesammelt. Freiwillig, als gemeinsame Erkenntnis: Was stresst uns und was hilft uns dann wirklich?

Und das Beste: Die Stimmung verändert sich. Kinder, die früher als „anstrengend" galten, werden neu gesehen. Kolleg:innen beginnen, sich gegenseitig zu fragen: „Was brauchst du gerade?"

Und Jana sagt:

„Ich bin nicht ruhiger geworden, weil alles einfacher ist. Ich bin ruhiger, weil ich gelernt habe, mich nicht sofort antreiben zu lassen."

💡 Deine Inspiration:

▸ Stell dir vor, dass du im nächsten Stressmoment nicht schneller wirst, sondern langsamer. Was bedeutet das für: deinen Gang, deine Atmung, deine Sprache – und wie fühlt es sich an?

Reflexion ist die Einladung, aus einer anderen Perspektive auf uns zu schauen und Änderungen vorzunehmen, wenn wir bereit dafür sind.

Selbstfürsorge und Burnout-Prävention (oder: Warum ich aufs Klo gehe, wenn ich muss – und nicht, wenn es passt)

„Sorge dich gut um deinen Körper. Es ist der einzige Ort, den du zum Leben hast."
– Jim Rohn

In der Theorie wissen wir nur zu gut, wie Selbstfürsorge aussieht: gesund essen, genug schlafen, Sport machen, ab und zu eine Atemübung, das klingt vernünftig. Aber wenn du morgens mit einem Brötchen im Hals in die Kita hetzt, fünf Stunden lang nicht zur Toilette kommst, weil „gerade so viel los ist", und dich zwischen Elternabendvorbereitung, Konfliktgespräch, Matschhosen wechseln und Gruppen-alltag emotional ausziehst wie eine Zwiebel, dann helfen dir diese Tipps herzlich wenig.

In diesem Kapitel geht's deshalb um echte Selbstfürsorge. Zwar ohne Duftkerze und Fußbad, aber dafür mit Ideen, die dich stärken, schützen und mit deiner Kraft haushalten lassen, ja, mitten im Kita-Wahnsinn. Damit du bleiben kannst, ohne zu Schaden zu kommen.

WAS IST BURNOUT UND WARUM TRIFFT'S SO VIELE?

Burnout ist kein Feuer, das plötzlich erlischt. Es ist eher ein schleichendes Verlöschen. Und viele Fachkräfte brennen nicht aus, weil sie zu wenig tun, sondern weil sie – du kannst es dir schon denken – zu viel tun! Weil sie zu viel geben, zu wenig bekommen und irgendwann nicht mehr wissen, wofür. In einem System, das gern über Grenzen geht, und das auch in gewisser Weise von den Mitarbeitenden erwartet, sind besonders jene gefährdet, die dauerhaft mehr geben als verlangt. Diejenigen, die jedes Kind im Blick haben wollen. Die, die sich für alles verantwortlich fühlen. Die, die bleiben, wenn andere längst gegangen sind. Die, die sich selbst aus den Augen verlieren. Wenn du also manchmal denkst: „Ich funktioniere nur noch", „Ich bin körperlich da, aber innerlich leer" oder: „Ich weiß gar nicht mehr, was mir guttut", dann lies weiter. Aber nicht, um dich zu optimieren und alles besser zu machen, sondern um dich zu schützen.

DIE FRÜHWARNZEICHEN – JENSEITS DER LEHRBUCHLISTE

Burnout beginnt nicht erst mit Schlafstörungen oder Dauermüdigkeit. Burnout beginnt oft da:

- …wo du anfängst, den Pausenraum zu meiden, weil da wieder nur gejammert wird.
- …wo du deine eigenen Bedürfnisse mit „ist halt so" wegdrückst.
- …wo du morgens denkst: „Ich schaffe das heute, irgendwie."
- …wo du Kinder begleiten willst, aber innerlich keine Verbindung mehr spürst.
- …wo du merkst, dass du alles kannst, außer loslassen.

Selbstfürsorge heißt nicht: „Nimm ein Bad." Selbstfürsorge heißt: „Komm raus aus dem Überlebensmodus." Und dafür braucht es jetzt mehr als Pflaster-Tipps (auch wenn sie durchaus ihre Berechtigung haben!). Deshalb hier ein paar ungeschönte, mutmachende Gedanken, die dich wirklich weiterbringen:

1. Schluss mit dem Heroismus.

Du bist nicht stark, wenn du alles mitmachst. Du bist stark, wenn du Stopp sagst. Wenn du dich meldest, bevor du zusammenbrichst. Wenn du Hilfe einforderst. Denn das ist menschlich.

🔊 „Ich gehe auf die Toilette, wenn ich muss, nicht wenn's gerade reinpasst." – „Ich mache Pause, weil ich sie brauche, nicht weil sie geplant ist." – „Ich lasse nicht alles mit mir machen, auch wenn ich viel kann."

2. Dienstbesprechung als Psychohygiene

Nutzt eure Teambesprechungen nicht nur für To-Dos. Redet über Gefühle, über Druck, über das, was (euch) zermürbt. Ein gutes Team erkennt man nicht an den besten Wochenplänen, sondern daran, ob jemand merkt, wenn du dich zurückziehst, leise wirst und mit etwas zu kämpfen hast.

💡 **Tipp:** Führt einen gemeinsamen Programmpunkt ein: „Wie geht's uns gerade wirklich?" Drei Minuten. Jede Woche. Ihr müsst dabei keine Diskussion starten oder Lösung finden, teilt einfach den Moment miteinander. Das reicht oft schon, um Druck rauszunehmen. Das ist aber nicht der geeignete Zeitpunkt zum „Dauerjammern-und-Teamrunterziehen", das kann schnell demotivieren. Deshalb: Achte auf dich und darauf, dass du in Balance bleibst.

3. Aufgaben neu verteilen: Muss ich das alles machen?

Musst du jeden Zettel laminieren? Jeden Elternbrief entwerfen? Jedes Spiel vorbereiten? Jede Beobachtung auswerten?

Selbstfürsorge bedeutet auch, Arbeit umzuschichten:

- Dokumentation outsourcen
- Aufgaben rotieren
- Neues Arbeitsmodell ausprobieren: „Frei-Räume" für kreative und regenerative Zeiten im Alltag

🗨 Sag im Team: „Ich merke, dass mich die Dokumentation richtig stresst. Können wir das neu aufteilen oder priorisieren, was wirklich wichtig ist?"

4. Persönliche Resets im Alltag: Mikro-Momente der Selbstfürsorge.

Selbstfürsorge muss kein halber Tag im Spa sein (auch wenn's schön wäre). Manchmal reichen:

- Zwei Minuten im Gruppenraum, bevor die Kinder kommen,
- Eine Playlist, die dir hilft, gut in den Tag zu starten,
- Ein „Nein" zur Kollegin, wenn du merkst: „Ich kann gerade nicht noch ein Kind übernehmen."
- Ein „Ja" zu einer Aufgabe, die du liebst (das muss auch gar nicht allein sein: ein Buch mit einem Kind zu lesen, kann genauso wirkungsvoll sein)

🛠 Was brauchst DU – jetzt, heute, diese Woche?

5. Rebellische Selbstfürsorge: Die neue Haltung.

Vielleicht ist das der wichtigste Punkt: Selbstfürsorge ist Widerstand. Gegen ein System, das uns zu viel abverlangt. Gegen ein Bild von Professionalität, das uns entmenschlicht. Gegen das Schweigen, das viele Kolleg:innen krank macht. Wenn du auf dich achtest, achtest du auch auf alle anderen. Du lebst vor, was wir Kindern mitgeben möchten: „Du bist wichtig. Deine Grenzen zählen. Deine Bedürfnisse auch."

6. Reflexion ist Teil deiner Arbeit.

Setz dich hin. Schreib was auf. Denk nach. Nicht nach Feierabend. Nicht am Wochenende. Sondern mittendrin. So oft es geht. Warum? Weil professionelle Arbeit Reflexion braucht. Kein Kind profitiert davon, wenn du nur von Termin zu Termin hetzt, alles festhältst, aber nicht „da" bist.
Deshalb: Mach den Stuhlkreis auch mal nur für dich. Zehn Minuten. Mit deinem Notizbuch, Stift und einem Getränk deiner Wahl. Reflexion ist ein Werkzeug für Qualität. Und dein Recht.

7. Sag, was du brauchst, ohne dich dafür zu rechtfertigen.

„Ich brauche eine Pause." – Punkt.
„Ich bin heute nicht so belastbar." – Punkt.
„Ich brauche mehr Vorbereitungszeit." – Punkt.
Du musst dich nicht dafür entschuldigen, dass du fühlst, was du fühlst. Selbstfürsorge beginnt da, wo du aufhörst, dich kleinzureden. Mach's wie ein Kind: Sag's einfach. Ohne „eigentlich", ohne „nur", ohne Rechtfertigung. Mit einer kurzen Erklärung, wenn dir das wichtig ist. Und wenn du das Gefühl hast, du wirst nicht gehört, dann frag dich: Was sagt das über den Ort, an dem du arbeitest?

8. Hol dir deine professionelle Autonomie zurück.

Du bist eine Fachkraft. Du kennst die Kinder, die Gruppe, deinen Rhythmus. Also: Triff Entscheidungen!

Wenn du findest, dass der Tagesablauf verändert werden muss – bring's ein. Wenn ein Kind heute lieber bauen statt malen will – unterstütz es. Dein Beruf ist kein Skript zum Ablesen. Du gestaltest mit, und das täglich.

9. Arbeite mit dir statt gegen dich.

Zwing dich nicht zu etwas, weil du anderen etwas beweisen willst oder Angst vor Ablehnung hast. Natürlich wollen wir dazugehören und einen guten Eindruck hinterlassen, und wir sorgen uns darum, was andere von uns denken – auch das ist menschlich – aber zu welchem Preis? Hör auf dich, deinen Körper, deine Signale.

10. Verzeih dir.

Ja, wir machen Fehler, und es ist nicht leicht, sich gravierende Fehler zu verzeihen. Vor allem wenn sie unseren Umgang mit einem Kind betreffen, doch hilft nur der Blick nach vorne: Was brauche ich, damit das nicht wieder passiert? Wie kann ich besser auf mich achtgeben? Merksatz (von Karin Kuschik aus „50 Sätze, die das Leben leichter machen"): „Das verzeihe ich mir am besten gleich mal selbst" – wirkt! Mit leichtem Gepäck reist es sich besser.

11. Hol dir Hilfe – wichtig!

Wenn du vermutest, von Burnout betroffen zu sein, benötigst du professionelle Hilfe, die dir dieses Buch an dieser Stelle nicht bieten kann. Bitte wende dich an deine Hausarztpraxis, an Psychotherapeut:innen oder Fachärzt:innen für Psychiatrie und Psychotherapie.

Aus der Praxis: Kita mit Selbstfürsorge-Erklärung

Jason (42) ist seit über fünfzehn Jahren in Kitas tätig. Er liebt seinen Beruf, besonders wenn er mit den Kindern lacht und begeistert ihre Entwicklungsschritte verfolgt. Was er aber nie gelernt hat: auf sich selbst zu achten. Jason ist der Erste, der einspringt, wenn Kolleg:innen krank sind. Der Letzte, der Pause macht. Derjenige, der alles für die Kinder gibt und dabei vergisst, wie es ihm selbst gerade geht.

☞ „Wenn ich nur hart genug arbeite, wird es irgendwann besser", sagt er. Aber es wird nicht besser. Es wird schlimmer. Nach einem Zusammenbruch wird ihm klar: „So geht's nicht weiter".

🚀 Die Idee: Eine Selbstfürsorge-Erklärung

Jason zieht sich ein paar Tage raus. In dieser Zeit schreibt er alles auf, was er braucht, um gesund arbeiten zu können. Es geht ihm nicht um klassische Achtsamkeitstipps, sondern um klare, schützende Bedingungen:

• „Ich brauche verlässliche Pausen ohne Schuldgefühle."

• „Ich entscheide mit, wie mein Arbeitstag aussieht."

• „Ich will regelmäßige Supervision."

• „Ich trage nicht mehr alles allein. Wir sind ein Team."

Zurück in der Kita spricht Jason offen mit der Leitung. Und: Er kündigt an, dass er einiges verändern will. Er verfasst eine Selbstfürsorge-Erklärung und hängt sie in den Personalraum. Daneben: ein Zettel mit der Überschrift: „Was brauchst du, um gesund arbeiten zu können?"

🌱 Der Effekt: Ein neues Bewusstsein im Team

Was zunächst belächelt wird, findet bald Zuspruch. Kolleg:innen kommen miteinander ins Gespräch:

- ▶ „Ich mache kaum Pause, weil ich Angst habe, schwach zu wirken."
- ▶ „Ich hab keine Kraft mehr für meine Familie."
- ▶ „Ich schleppe mich krank zur Arbeit, weil ich sonst ein schlechtes Gewissen habe."

Daraus entsteht eine neue Teamroutine.

Ein wöchentlicher 10-Minuten-Slot mit der Frage: „Was beschäftigt mich?" Es wird gelacht, diskutiert, manchmal geschwiegen. Nicht alle machen mit, doch das Bewusstsein wächst:

☞ Wer Kinder stärken will, muss sich selbst ernst nehmen.

Jason sagt:

„Ich arbeite immer noch viel, aber ich funktioniere nicht mehr. Ich spüre (mich) wieder und habe kein schlechtes Gewissen, gut auf mich zu achten."

💡 Deine Inspiration:

▶ Stell dir vor, die folgenden Sätze begrüßen dich jeden Tag beim Betreten der Kita:

„Schön, dass du da bist."

„Lass dir Zeit."

„Wir sind ein Team."

Wie verläuft dein Start?

Selbstfürsorge ist nicht gleichzusetzen mit Egoismus. Sie bedeutet: Verantwortung. Für dich, das Team und eine gute, gesunde Arbeitsstelle.

Weitere Tipps aus der Kita:

Mini-Retreats: Statt klassischer Pausen können kurze Auszeiten mit kleinen Achtsamkeitsimpulsen, Gedanken oder Mini-Meditationen helfen, den Kita-Alltag bewusst zu unterbrechen, entweder allein oder im Team.

Wohlfühl-Jahreskalender: Ein Kalender mit monatlichen Aktionen bringt frischen Wind ins Team.

Beispiele:

- Januar – „Winterwunder-Woche": (Alkoholfreier) Punsch im Teamraum, kleine Wellness-Ideen.
- April – „Tanz dich frei!": Jeden Freitag zehn Minuten gemeinsames Tanzen für Fachkräfte und für Kinder.

Die Wohlfühlbox: Eine Box im Teamraum mit Dingen zum schnellen Abschalten und Entspannen.

- Notizbuch für Gedanken oder kreative Pausen
- Dankbarkeitssteine
- Aromaduft oder Lieblingstee
- Auszeit-Gutschein von Kolleg:innen („Ich übernehme deine Gruppe und du gönnst dir zehn Minuten Pause.")

Konflikte managen durch Klarheit, Kommunikation und Kooperation

„Man kann auf seinem Standpunkt stehen, aber man sollte nicht darauf sitzen."
– Erich Kästner

Konflikte sind unvermeidlich. Sie entstehen in der Arbeit mit Kindern genauso wie im Team. Doch wer Konflikte nur als Störungen oder Hindernisse sieht, verpasst die Chance zur Veränderung. Konflikte bremsen uns nicht aus, sie verfügen über mobilisierende Kräfte. Sie sind die Gelegenheit, das zu hinterfragen, was uns bisher in unserem System festhält. Wir bekommen durch sie die Chance, unser Denken zu verändern, den Status quo zu hinterfragen und auch ein bisschen zu rebellieren.

WAS SIND KONFLIKTE EIGENTLICH?

Sie sind nicht einfach „Krach" oder „Streit". Sie sind die Kollision unterschiedlicher Bedürfnisse und Perspektiven. Konflikte entstehen, wenn wir nicht auf derselben Wellenlänge sind, wenn wir nicht die gleiche Vorstellung von etwas haben oder wenn etwas im Ablauf nicht funktioniert, sei es im Team, mit den Kindern oder in der Kommunikation mit den Eltern. Häufig sind es ganz kleine Reibungen, die sich zu einem größeren Problem aufbauen, weil wir sie nicht früh genug ansprechen. Und was bringen wir in den Konflikt mit? Unsere eigene Geschichte, unsere Erfahrungen, unsere Erwartungen und natürlich unsere eigene Überforderung und Frustration.

Schnell neigen wir dazu, der anderen Person im Konflikt feindlich gegenüberzustehen. Dabei hat auch sie ihre Geschichte, Bedürfnisse, Sorgen. Deshalb: Wenn wir Konflikte wirklich lösen wollen, müssen wir in der Lage sein, uns selbst und die andere Person zu reflektieren. Was passiert da gerade in mir? Warum triggern mich bestimmte Dinge? Und was brauchen beide Seiten, um aus diesem Konflikt mit einem guten Gefühl zu gehen?

Das führt zum Umdenken, wenn wir erkennen, dass Konflikte mehr sind als nur ein Problem. Uns wird bewusst, dass unsere Abläufe und Eindrücke nicht selbstverständlich oder allgemeingültig sind. Die Art und Weise, wie wir arbeiten, wie wir miteinander umgehen, wie wir hierarchische Strukturen und alte Denkweisen im Kita-Alltag reproduzieren, das alles kann und sollte in Frage gestellt werden. Ein Konflikt ist eine Chance, die bestehende Ordnung zu überdenken. Veränderung beginnt in den Momenten, in denen wir uns in den Konflikt begeben und uns entscheiden, nicht einfach so weiterzumachen wie bisher.

IN BEWEGUNG KOMMEN

Konflikte tragen dazu bei, an alten Denkmustern zu rütteln und uns zu fragen: „Was überzeugt mich und warum?" Wenn wir an unsere Grenzen stoßen oder die Grenzen des Kita-Systems hinterfragen, können wir Veränderung proaktiv anstoßen, weil wir unzufrieden sind, Ungerechtigkeiten nicht ertragen oder einfach merken: „Das passt nicht mehr". Wenn wir uns aber grundsätzlich für den Weg des geringsten Widerstands entscheiden, können wir wenig zu einer echten Weiterentwicklung der pädagogischen Arbeit beitragen. Rebellion heißt also auch, Konflikte nicht zu vermeiden, sondern sie als Impuls für Bewegung und Veränderung zu begreifen.

Und hier werden **Klarheit**, **Kommunikation** und **Kooperation** wichtig. Klarheit heißt, den Konflikt zu erkennen und anzunehmen. Und mehr noch: Es geht darum, zu verstehen, warum dieser Konflikt notwendig ist.

- Was zeigt uns der Konflikt über uns selbst?

- Und was zeigt er uns über die Art und Weise, wie wir miteinander arbeiten und wie wir die Dinge tun?

Klarheit heißt anzuerkennen, dass etwas nicht funktioniert und dass wir die Verantwortung tragen, es zu ändern.

Kommunikation ist der nächste Schritt. Hier geht es darum, einen echten Austausch zuzulassen. Wir müssen uns aus unserer Komfortzone herausbewegen und bereit sein, uns mit dem auseinanderzusetzen, was der Konflikt uns wirklich sagt. Nicht mehr schweigen, nicht mehr aus dem Weg gehen, sondern sprechen, auch wenn es unbequem wird.

Wenn wir aufhören, Konflikte zu umgehen, und sie stattdessen aktiv und konstruktiv ansprechen, nutzen wir die Möglichkeit, neue Perspektiven einzunehmen und andere Gedanken und Ideen zuzulassen.

Und Kooperation? Sie führt zum Ziel. Der Konflikt lässt uns meist glauben, dass wir allein kämpfen müssen, dass wir Recht haben und die andere Person Unrecht. Doch das ist ein Trugschluss. Kooperation heißt, die Veränderung gemeinsam anzugehen. Es bedeutet, den Konflikt auch als Team zu nutzen, um eine Lösung zu finden. Und es bedeutet, dass alle beteiligt sind: Team, Kinder und Eltern. Kooperation bedeutet, dass wir alle Verantwortung übernehmen, dass wir gemeinsam Lösungen entwickeln und uns gegenseitig in der Veränderung unterstützen.

Veränderung entsteht durch jede:n von uns, durch den Mut, Konflikte als Spiegel für das zu sehen, was besser laufen könnte. Und das geht nur, wenn wir uns in die Verantwortung nehmen und auch bereit sind, uns selbst infrage zu stellen:

- Welche unterschiedlichen Bedürfnisse stehen sich gegenüber?

- Welche Strategien wenden wir jeweils an, um den Konflikt zu erhalten/zu lösen?

- Was brauchen wir, um diesen Konflikt gut lösen zu können?

SCHWAMM DRÜBER – LIEBER NICHT!

Diese Schritte sind im Zusammensein mit Kindern besonders wichtig. Auch hier dürfen wir nicht den Fehler machen, Konflikte einfach zu „überstehen" oder schnell zu „lösen". Konflikte sind ein Lernprozess, und das gilt für uns genauso wie für die Kinder. Es geht nicht ums Gewinnen oder Recht haben, sondern um Zusammenarbeit, ums Hören und ums Verstehen. Wenn Kinder sehen, wie Konflikte konstruktiv gelöst werden können, schenken wir ihnen Werkzeuge, die sie selbst ein Leben lang nutzen können.

Aus der Praxis: Zeit für Konflikte

Nico (35) ist Schauspieler. Über die Theaterpädagogik ist er in die Kita gekommen und genießt, wie wertvoll und authentisch das Arbeitsfeld ist: Kinder, die fühlen, was sie sagen. Eltern, die zwischen Dankbarkeit und Überforderung pendeln. Herzliche Kolleg:innen, die ihre Arbeit trotz all der Widrigkeiten lieben. Und trotzdem: Konflikte. Immer wieder. Immer öfter. Und oft: unproduktiv, unausgesprochen und unterschwellig.

☞ Die Frage: Wie kann man Konflikte gestalten, statt ihnen aus dem Weg zu gehen oder sie eskalieren zu lassen?

Nico überlegt:
„Was wäre, wenn wir Konflikte als Einladung sehen zu mehr Klarheit, besserer Kommunikation und guter Zusammenarbeit?"

🚀 Die Idee: Konflikte sind ein Signal

Er startet ein Experiment:

- Konfliktsprechstunde. Ein offenes Angebot: Wer etwas klären will, bekommt fünfzehn Minuten Zeit und einen neutralen Raum.

- Satzstarter-Postkarten. Im Teamraum liegen Kärtchen mit Satzanfängen wie: „Ich habe eine andere Perspektive und würde sie gern teilen" oder „Ich war irritiert, als …".

- Mini-Trainings im Alltag. Fünf Minuten am Morgen, bei Übergaben oder auch kurz vor Feierabend: aktiv zuhören, Ich-Botschaften üben.

Seine Idee stößt auf Interesse und führt dazu, dass die Kolleg:innen neue Methoden ausprobieren.

☕ Der Effekt: Nicht weniger Konflikte, aber bessere

Nach ein paar Wochen merkt das Team:

- Konflikte werden früher angesprochen und nicht erst, wenn's knallt.
- Die Feedback-Kultur wird konkreter: Kritik ist erlaubt und baut auf Achtsamkeit auf.
- Die Leitung stellt ihr Büro für Team-Gespräche zur Verfügung.
- Es gibt ein gemeinsames Verständnis: Unterschiedlichkeit ist eine Ressource.

Nico sagt:

„Ich glaube nicht an eine konfliktfreie Kita. Ich glaube an eine, in der wir gelernt haben, mit Unterschieden gut umzugehen. Und wo jede:r weiß: Ich darf Nein sagen. Ich darf irritieren. Ich darf klären."

💡 Deine Inspiration:

▸ Stell dir vor, du darfst jeden Tag Konflikte haben. Sie stehen dir frei zur Verfügung. Du pflückst sie wie Äpfel am Baum. Welche wählst du, warum und mit wem?

Konflikte managen heißt nicht: alle Probleme lösen. Es heißt: hinsehen, zuhören und gemeinsam wachsen.

Umgang mit starken Gefühlen

„Wut ist eine Form von Energie. Es kommt darauf an, was man mit ihr macht."
– Unbekannt

Wut hat in unserer Gesellschaft eher einen negativen Ruf. Sie wird als „schlecht" oder „unpassend" wahrgenommen. Als ein Gefühl, das man im besten Fall nicht haben sollte. Doch Wut ist eine gesunde und natürliche Emotion. Sie zeigt uns, dass unsere Bedürfnisse verletzt wurden, dass etwas nicht stimmt oder dass wir uns in einer Situation nicht gehört fühlen. Wut ist nicht das Problem. Auf den Umgang mit ihr kommt es an. Wenn wir Kindern vermitteln, dass Wut eine schlechte Emotion ist, bringen wir sie dazu, ihre eigenen Gefühle zu verleugnen und zu unterdrücken. Diese unterdrückte Wut kann irgendwann zu destruktiven Verhaltensweisen oder emotionalen Blockaden führen und wird ihrer eigentlichen Bestimmung als gesunde Aggression nicht gerecht. Als solche gibt sie uns nämlich Energie, uns zu wehren, für uns einzutreten und unsere Grenzen zu verteidigen. Sie bringt uns dazu, etwas zu verändern.

LIEBE WUT, WAS SAGST DU MIR?
Es gibt ein kurzes Zeitfenster zwischen Wahrnehmung und Reaktion, in dem wir uns fragen können: „Was brauche ich denn jetzt? Lasse ich die Gefühle raus oder kann ich etwas anderes tun, das genauso wirksam ist?"

Der Körper signalisiert uns auf verschiedene Weise, dass der Druck steigt, beispielsweise wenn sich der Herzschlag erhöht, wir flacher atmen, wenn wir angespannt sind oder Kopfschmerzen bekommen. Es liegt in unserer Verantwortung, diese Signale zu erkennen und bewusst zu entscheiden, wie wir darauf reagieren. Das bedeutet auch, die Botschaft zu entschlüsseln: „Was sagt mir denn die Wut?" Wenn das in dem Augenblick nicht möglich ist, dann hilft es, sich hinterher Gedanken darüber zu machen.

Und was können wir nun in der Situation selbst tun? Manchmal reicht es schon, eine Pause einzulegen. Ein tiefes Durchatmen, aus der Situation aussteigen, innehalten. Diese kurzen Momente des Abstandnehmens verhindern, dass wir aus der Emotion heraus handeln, was dann oft zu schnell und impulsiv ist. Doch es gibt auch Momente, in denen das nicht reicht. Wir spüren die Unruhe und brauchen etwas Aktives (wie joggen, springen, Lieblingsmusik laut aufdrehen und mitsingen). Dann tut es uns gut, deutlich zu sagen: „Ich bin gerade wütend und brauche einen Moment für mich." Manchmal führt Wut auch dazu, dass wir weinen. Das passiert, und obwohl es für uns eher unangenehm ist, ist es ein wertvolles, nicht zu unterschätzendes Ventil.

SELBSTREGULATION IST EIN LERNPROZESS

Im Alltag wird oft ganz selbstverständlich erwartet, dass Kinder ihre Gefühle schon selbst „im Griff haben", egal, wie alt sie sind oder wo sie gerade in ihrer Entwicklung stehen. Aber so einfach ist das nicht. Kinder nehmen bereits in ihren ersten Monaten emotionale Stimmungen in ihrer Umgebung wahr und unterscheiden Gesichtsausdrücke, Tonfall und Atmosphäre. Etwa im zweiten Lebensjahr fangen sie an, Gefühle besser zu verstehen, erst ihre eigenen, dann auch die von anderen. Gegen Ende dieses Jahres nutzen Kinder erste Gefühlswörter, sofern wir sie dabei gut begleiten. Mit etwa drei Jahren fühlen sich Kinder in der Einschätzung grundlegender Gefühle wie Freude, Traurigkeit oder Wut schon deutlich sicherer. Und das ist ein wichtiger Schritt. Denn erst wenn ich weiß, was ich fühle, kann ich auch verstehen und üben, wie ich reagiere. Zwischen vier und fünf Jahren probieren Kinder dann ganz aktiv aus, wie sie mit starken Gefühlen umgehen können. Und das bedeutet auch, sich anders zu verhalten, als wir es erwarten, das gehört dazu. Deshalb der Merksatz an uns: Wir erwarten oft zu früh zu viel von Kindern. Die Fähigkeit zur Selbstregulation entwickelt sich über viele Jahre hinweg, weit über die Kita-Zeit hinaus. Meilensteine auf diesem Weg sind der Ausdruck, das Verständnis und die Regulationsfähigkeit von Emotionen. Diese drei Bereiche entwickeln sich parallel, beeinflussen sich gegenseitig und bilden auch die Grundlage dafür, empathiefähig zu sein (Frech 2021).

Wenn ein vierjähriges Kind also wütend wird und mit einem heftigen Gefühlsausdruck reagiert, ist das kein Zeichen für schlechtes Verhalten. Vielmehr zeigt uns das Kind, dass es den Umgang mit intensiven Emotionen noch lernt. Auch wenn viele Erwachsene glauben, Kinder wollten mit ihrem Verhalten provozieren oder Grenzen testen („Das Kind fordert mich heraus"), ist es wichtig zu erkennen: Kinder zeigen in solchen Momenten, dass sie überfordert sind, Hilfe brauchen oder verstehen möchten, was gerade geschieht. Sie fühlen sich herausgefordert und machen uns darauf aufmerksam. Es liegt an uns, diese Signale richtig zu deuten, ohne uns persönlich angegriffen oder verletzt zu fühlen. In der Kita heißt das vor allem: Geduld haben, Kindern vertrauen und sie nicht mit unseren Erwartungen überfordern. Appelle wie „Beruhige dich!" oder „Reiß dich zusammen!" helfen Kindern nicht dabei, ihre Gefühle zu verstehen oder den Umgang mit ihnen zu lernen. Gerade weil uns Gefühle ein Leben lang begleiten, profitieren wir besonders von der Unterstützung, die wir in den ersten Jahren erhalten.

VORBILD SEIN: DIE REBELLION GEGEN DAS ALTE MODELL

Wir leben in einer Welt, die von Kontrolle und Disziplin geprägt ist, in der starke Emotionen eher als störend und unangemessen wahrgenommen werden. Doch für eine Veränderung, für ein neues Verständnis, brauchen wir die Bereitschaft, das alte Modell infrage zu stellen. Wut, Frust, Ärger sind natürliche, menschliche Reaktionen, die zu einer positiven Kraft werden können. Es gibt kein Ausgrenzen, Unterdrücken oder Ignorieren bestimmter Gefühle, im Gegenteil, wir sollten unsere Gefühle verstehen, respektieren und als Teil des menschlichen Erfahrungsspektrums akzeptieren.

Als Fachkräfte können wir genau das vorleben. Wir dürfen uns selbst erlauben, menschlich zu sein. Wir müssen uns nicht immer perfekt beherrschen oder die ruhigen, gelassenen Profis sein. Das wahre Geschenk an uns selbst ist doch, auf uns zu achten, die eigenen Grenzen zu erkennen und Kindern zu zeigen, dass es in Ordnung ist, Gefühle zu haben und sie auf eine Weise auszudrücken, die weder uns selbst noch andere verletzt. Vor allem aufgrund des ungleichen Machtverhältnisses zwischen Kindern und Erwachsenen lohnt sich der Perspektivenwechsel: Was zeigt das Kind mit seiner Trauer, Angst oder Wut? Ist das Gefühl womöglich ein Signal dafür, dass wir als Begleiter:innen zu viel verlangen, die Bedürfnisse des Kindes ignorieren oder ungerecht sind und etwas ändern müssen?

Übersicht starker Gefühle

Angst
Zum Beispiel bei Dunkelheit, Trennung von den Eltern, lauten Geräuschen, Monster unter dem Bett.
▸ Diese Ängste sind altersentsprechend und Ausdruck der Fantasie sowie eines natürlichen Bedürfnisses nach Sicherheit.

Eifersucht
Zum Beispiel bei der Geburt eines Geschwisterkindes: Sorge, weniger geliebt oder beachtet zu werden.
▸ Eifersucht ist oft mit Verlustangst verbunden.

Freude/Begeisterung
Kinder empfinden Freude sehr intensiv, oft ansteckend und ungehemmt.
▸ Diese Emotionen werden meist offen und spontan gezeigt.

Frustration
Wenn etwas nicht gelingt (zum Beispiel beim Spielen oder Anziehen), reagieren Kinder mit Weinen, Wutanfällen oder Rückzug.
▸ Frustrationstoleranz ist nicht angeboren, sondern entwickelt sich im Laufe der ersten Lebensjahre.

Liebe/Bindung
Kinder entwickeln enge Bindungen zu wichtigen Bezugspersonen in ihrem Umfeld. Zuneigung und Verbundenheit zeigen sich auf unterschiedliche Weise.
▸ Verlässliche Beziehungen bieten Kindern eine wichtige Grundlage für ihre emotionale und soziale Entwicklung.

Neugier

Kinder wollen alles wissen, erkunden und ausprobieren.

‣ Neugier regt Lernen und Entwicklung an.

Sicherheit/Geborgenheit

Wenn Kinder sich sicher fühlen („Ich bin beschützt"), sind sie entspannt, zeigen Vertrauen und Offenheit.

‣ Ein stabiles, verlässliches Umfeld fördert emotionale Stabilität.

Stolz

Wenn Kinder etwas allein schaffen („Ich kann das!"), erleben sie Stolz.

‣ Solche Selbstwirksamkeitserfahrungen stärken ihr Selbstwertgefühl.

Traurigkeit

Kinder zeigen Trauer bei Verlusten, zum Beispiel wenn sie ihr Kuscheltier verlieren, vom Spiel ausgeschlossen werden oder eine Trennung nicht verkraften.

‣ Gefühle sollten immer ernst genommen und einfühlsam begleitet werden.

Wut/Trotz

Vor allem in der Autonomiephase stark ausgeprägt, zum Beispiel wenn die Bedürfnisse der Kinder nicht wahrgenommen oder ihre Selbstbestimmung eingeschränkt wird. Sie zeigen uns: „Das passt mir so nicht. Ich möchte etwas anderes."

‣ Trotz ist ein wichtiger Entwicklungsschritt auf dem Weg in die Selbstständigkeit. In diesen Situationen ist die Ko-Regulation durch Erwachsene erforderlich. Gleichzeitig können wir uns fragen: „Womit setzt sich das Kind gerade auseinander? Liegt es an uns, die Rahmenbedingungen zu ändern, damit es dem Kind besser geht?"

Aus der Praxis: Emotionslandkarte im Personalraum
Carla (36) ist ein ruhiger Mensch. Gelassen, freundlich, empathisch, so beschreiben sie die meisten. Sie kann wunderbar zuhören, trösten und vermitteln. Doch zurzeit spürt Carla deutlich ihre Grenzen. Die Gefühle der Kinder sind nicht das Problem, sondern ihre eigenen. Der Wutanfall eines Kindes beim Anziehen geht ihr nah. Das ständige „Nein!" eines neuen Kindes trifft sie an einem schlechten Tag mitten ins Herz. Ein impulsiver Elternkommentar wirbelt alles durcheinander.

☞ „Ich dachte eigentlich, ich bin die Erwachsene, ich muss mich im Griff haben", sagt Carla. „Aber irgendwann habe ich gemerkt: Das geht nicht, solange ich meine eigenen Gefühle nicht verstehe."

🚀 **Die Idee: Ein Team, das über Gefühle spricht**
Carla startet mit einem Impuls in der Teamsitzung: „Was machen starke Gefühle mit euch und wie geht ihr damit um?" Daraus entwickelt sie ein Praxisprojekt:

- Sie hängt eine Emotionslandkarte in den Personalraum mit Gefühlswörtern.

- Nach besonders intensiven Situationen führt sie Mini-Reflexionen ein: Was habe ich gespürt? Was war mein Anteil? Was hätte mir geholfen?

- Sie erstellt mit einer Kollegin eine kleine Sammlung von strategischen Sätzen für Kinder und Erwachsene:
  „Ich sehe, dass du gerade richtig wütend bist."
  „Ich atme einmal tief durch, bevor ich reagiere."
  „Ich brauche eine Pause, dann reden wir weiter."

♟ Der Effekt: Gefühlskultur statt Gefühlskontrolle

Nach ein paar Wochen verändert sich der Umgang im Team:

- Gefühle werden nicht mehr bewertet. Sie dürfen sein.

- Das Team beginnt, Regulation vor Reaktion zu stellen: erst spüren, dann sprechen.

- Ein neuer Satz wird zur Routine: „Das ist für mich gerade nicht möglich, lass uns später weiterreden." Und niemand ist beleidigt.

Carla sagt:

„Ich kann nicht verhindern, dass ich getriggert werde. Aber ich kann lernen, damit gut umzugehen. Und genau das macht mich professionell."

💡 Deine Inspiration:

▶ Stell dir vor, du stehst deinem Trigger gegenüber. Es ist eine Fee, die dich beschützen will. Sie schickt dir bestimmte Gedanken und Gefühle, und wenn du diese ignorierst, verstärkt sie sie. Du nimmst die Fee auf deine Hand, lächelst ihr zu und sagst ihr: „Danke, dass du mich beschützen willst. Wollen wir das Problem nicht lieber gemeinsam lösen? Ich habe nämlich eine andere Idee." Von welcher Idee berichtest du ihr und wie reagiert sie darauf?

Starke Gefühle sind kein Problem. Sie sind ein Hinweis und eine Chance auf Beziehung, Entwicklung und Verbindung.

Grenzen setzen: Die Kunst, auf sich zu achten

„Grenzen zu setzen ist ein Akt der Liebe – zu sich selbst und zu anderen."
– Brené Brown

Grenzen zu setzen ist ein Zeichen von Stärke. Ein Zeichen von Selbstachtung. Und ja, es ist auch ein Akt der Verantwortung. Wenn du dich ständig selbst überforderst, übergeht das nicht nur deine Bedürfnisse. Es zieht dich runter, Stück für Stück. Und das merkst du natürlich irgendwann selbst, aber das fällt auch den Kindern auf, mit denen du arbeitest. Denn du kannst nicht aus einem leeren Becher schenken.

WARUM GRENZEN SETZEN SO WICHTIG IST

Grenzen sind wie eine Mauer, die du errichtest, um deine Energie zu schützen. Ohne diese Mauer – oder nennen wir es besser: deine persönliche Energiezone – wird es schwer, deinen Job so zu machen, wie du es liebst. Grenzen helfen dir, deine körperliche, emotionale und mentale Gesundheit zu schützen. Und ja, das verdienst du. Wenn du dich selbst respektierst, können Kinder von dir lernen, dass auch sie ihre Bedürfnisse und Grenzen anerkennen dürfen. Ein „Nein" ist wie ein Schild, das sagt: „Ich kümmere mich gerade um mich." Ein klar gesetztes „Nein" bewahrt dir deine Energie und stärkt das Team. Denn wer permanent über seine eigenen Bedürfnisse hinweggeht, verliert irgendwann nicht nur die Motivation, sondern auch die Lebensfreude. Und das tut niemandem gut.

DIE KUNST DES RESPEKTVOLLEN „NEINS"

Grenzen setzen bedeutet klar zu kommunizieren, was du leisten kannst und was nicht. Ein „Nein" muss nicht unbedingt laut und dramatisch sein. Es kann so einfach sein wie ein ehrliches, respektvolles „Ich schaffe das gerade nicht". Und das ist völlig okay!

Hier ein paar Tipps für das perfekte „Nein":

- **Laut und klar:** Sag, was du brauchst, ohne dich dafür zu entschuldigen. Du könntest zum Beispiel sagen: „Ich kann die Telefonate nicht übernehmen, weil ich mit den anderen Aufgaben für das Fest beschäftigt bin. Dafür reicht die Zeit nicht."

- **Ehrlichkeit ist befreiend:** Du kannst auch sagen: „Ich möchte diese Aufgabe gern erledigen, aber ich kann nicht alles gleichzeitig machen. Ich kann mich nächste Woche darum kümmern. Reicht dir das?"

Das bedeutet nicht, anderen zu schaden oder egoistisch zu sein. Es gibt dir die Möglichkeit, deine Energie in den richtigen Momenten einzusetzen, und das ist letztlich für alle von Vorteil. Klar kommunizierte Grenzen im Team schaffen Vertrauen und Respekt. Wenn du das Gefühl hast, dass du überlastet bist oder zu viel zu tun hast, sprich es an. Du bist nicht allein. In einem starken Team kümmert man sich umeinander und teilt die Verantwortung. Gemeinsam Grenzen zu setzen bedeutet, dass niemand ausgebrannt ist und alle ihr Bestes geben können.

Grenzen setzen: alternative Formulierungen

Natürlich ist es ein wichtiges und auch vielseitiges Thema in der Pädagogik: Grenzen setzen. Aber das Wording wirkt auf mich zu hart, fast ein bisschen kriegerisch. Als würde ich eine Linie ziehen und sagen: „Bis hierhin und keinen Schritt weiter!" – Geht es dir bei dem Ausdruck ähnlich?

Was wir doch eigentlich meinen, ist etwas anderes: Wir möchten Orientierungspunkte, Klarheit, einen sicheren Rahmen schaffen. In Beziehung bleiben, sowohl zu uns selbst als auch zu anderen. Das hat für mich viel mehr mit Haltung zu tun als mit Kontrolle. Worte haben immer eine Wirkung und bewirken (auch unbewusst) etwas in uns. Vielleicht könnten wir stattdessen sagen:

– Ich gebe einen **Rahmen** vor (ohne durch diesen eingeengt zu werden).
– Das ist meine **Energiezone**.
– Ich setze **Orientierungspunkte**.
– Ich gebe (mir) **Halt.**
– Ich treffe **Entscheidungen.**
– Ich sorge für **Verlässlichkeit.**
– Ich übernehme **Verantwortung**.
– Ich **achte** auf mich/dich.

All das beschreibt doch, worum es eigentlich geht: Bedürfnisse ernst nehmen und gleichzeitig dafür sorgen, dass sich alle sicher fühlen können. Sprache macht etwas mit unserer Haltung. Und die wiederum prägt unser pädagogisches Handeln. Wie wäre es mit: „Das ist meine Energiezone" statt: „Das ist meine Grenze"?

Aus der Praxis: Gewaltfrei kommunizieren

Moira (33) ist ein Teammensch. Sie mag das Miteinander, den gemeinsamen Alltag, das Gefühl, dass man sich aufeinander verlassen kann. Doch seit einiger Zeit merkt sie: Sie sagt zu oft Ja, obwohl sie eigentlich Nein meint. Ein Kollege bittet sie spontan um Hilfe – sie übernimmt. Eine neue Aufgabe wird verteilt – sie nickt, obwohl sie innerlich stöhnt. Am Ende der Woche ist sie erschöpft und fragt sich: „Warum sage ich nicht, was ich wirklich brauche?"

☞ Das ändert sich, als sie sich in einer Fortbildung das erste Mal richtig mit der Gewaltfreien Kommunikation (GFK) nach Marshall Rosenberg auseinandersetzt.

🚀 Die Idee: Klarheit statt Kuschelkurs

Moira nimmt sich vor: „Ich will ehrlich sein, aber ohne zu verletzen." Sie beginnt, im Alltag kleine Situationen bewusst mit der GFK-Struktur zu gestalten:

1. Beobachtung:
    „Ich habe gesehen, dass ich heute neben meinen normalen Aufgaben noch eine weitere übernehmen soll."
2. Gefühl:
    „Das stresst mich gerade ziemlich. Ich merke, dass ich mich überfordert fühle."
3. Bedürfnis:
    „Ich brauche ausreichend Raum, um meine Aufgaben mit der nötigen Sorgfalt zu erledigen."
4. Bitte:
    „Wärst du bereit, heute Gül oder Maurice zu fragen?"

Anfangs fühlt es sich ungewohnt an. Zu direkt. Zu strukturiert. Doch nach dem dritten Mal sagt ihre Kollegin:

☞ „Ich find's gut, wie klar du das gesagt hast. Das hilft uns beiden."

🏆 **Der Effekt: Klare Kommunikation. Weniger Missverständnisse. Mehr Respekt.**
Moira stellt dem Team die GFK in Form eines kurzen Inputs bei der Teamsitzung vor. Ein paar Kolleg:innen probieren es aus. Daraus entwickelt sich:

- ein GFK-Spickzettel für den Teamraum mit einfachen Satzbeispielen,
- eine Mini-Fortbildung im Haus, bei der alle GFK in kleinen Rollenspielen ausprobieren,
- die Vereinbarung: In stressigen Situationen versuchen wir, unser Bedürfnis zu benennen.

Nach wenigen Wochen ist die Stimmung anders: Die Kommunikation erfolgt direkter und deutlicher.

Moira sagt:
„Ich hatte das Gefühl, ich enttäusche andere, wenn ich meine Grenzen deutlich mache. Aber eigentlich habe ich sie am meisten enttäuscht, wenn ich müde, gereizt oder halbherzig gearbeitet habe."

💡 **Deine Inspiration:**
▸ Stell dir vor, du bist in einem Haus, dich umgibt ein Garten und diesen umgibt ein Zaun. Jemand öffnet das Gartentor und tritt ein. Du öffnest das Fenster im Wohnzimmer und rufst der Person entgegen, dass sie am Tor warten soll. Wie formulierst du das?

Gewaltfreie Kommunikation heißt echt, respektvoll und handlungsfähig zu sein, auch in schwierigen Momenten.

Eigene Stärken erkennen und nutzen

„Was hinter uns liegt und was vor uns liegt, sind nur Kleinigkeiten im Vergleich zu dem, was in uns liegt. Und wenn wir das, was in uns liegt, nach außen in die Welt tragen, geschehen Wunder."
– Henry Stanley Haskins

In der pädagogischen Arbeit geht es oft darum, anderen zu helfen, zuzuhören und immer wieder den richtigen Weg für die Kinder, das Team und die Eltern zu finden. In diesem Buch aber geht es vor allem um dich, um dein Empowerment, darum, deine Stärken zu erkennen, selbstbewusst zu nutzen und deinen eigenen Weg zu gehen. Wenn du deine Stärken kennst und für dich einstehst, wirst du in allen Bereichen sichtbarer: im Team, mit den Eltern und im Alltag mit den Kindern. Du zeigst, was dir wichtig ist, worin du Expertise hast und wer du als pädagogische Fachkraft bist. Du hast Vertrauen in dich und deine Fähigkeiten, weil du weißt, was du zur Teamarbeit beiträgst. Wie schaffst du es also, dich mit deinen Stärken einzubringen?

DIE VERSCHIEDENEN STÄRKEN

Das Konzept der Stärken hat seinen Ursprung unter anderem in der Positiven Psychologie. Statt den Blick auf Defizite zu lenken, geht es darum, das zu fördern, was Menschen gut können und was ihnen Kraft gibt. Forschungen, unter anderem von Christopher Peterson und Martin Seligman (2004), zeigen: Menschen, die ihre persönlichen Stärken kennen und regelmäßig einsetzen, sind zufriedener, engagierter und deutlich weniger anfällig für Burnout. Sie erleben mehr Sinn in ihrer Arbeit, sind kreativer in der Problemlösung und arbeiten effektiver im Team.

Warum ist das so? Weil Stärken unseren inneren Ressourcen entsprechen. Wenn wir diese gezielt einsetzen, arbeiten wir nicht gegen uns, sondern mit uns. Es fühlt sich nicht nach „Müssen" an. Wir alle haben solche Ressourcen. Leider sehen wir sie im Alltag oft nicht – oder halten sie für selbstverständlich. Wir sind so darauf fokussiert, was wir gern hätten oder gern können würden, dass wir gar nicht merken, dass das Beste bereits in uns schlummert und nur darauf wartet, geweckt – und entdeckt – zu werden.

Verschiedene Arten von Stärken, die du in deiner pädagogischen Arbeit nutzen kannst:

- **Kognitive Stärken:** Du erkennst Muster, findest kreative Lösungswege, denkst vernetzt.

- **Soziale Stärken:** Du kannst dich einfühlen, schaffst vertrauensvolle Beziehungen, förderst ein harmonisches Miteinander.

- **Emotionale Stärken:** Du bleibst gelassen, auch wenn es turbulent wird, und gibst so Stabilität.

- **Organisatorische Stärken:** Du behältst den Überblick, strukturierst Prozesse, sorgst für klare Abläufe.

Wenn du weißt, worin du gut bist, kannst du diese Fähigkeiten bewusst einsetzen, um schwierige Situationen zu bewältigen. Du agierst proaktiv statt reaktiv. Und das macht einen Unterschied. Du wartest nicht erst ab, bis ein Problem da ist, sondern handelst vorher überlegt und voraus-schauend. Das führt dazu, dass du dich der Situation nicht hilflos ausgeliefert fühlst und stattdessen weniger gestresst bist und deine Energie gezielter einsetzen kannst.

Und das bringt dich in den Flow! Kennst du diesen Moment, wenn du alles um dich herum vergisst, völlig in deinem Tun aufgehst und die Zeit stillzustehen scheint? In diesen wunderbaren Zustand kommen wir, wenn wir im genau richtigen Maß herausgefordert werden. Die Aufgabe ist anspruchsvoll, aber machbar. Wir trauen uns zu, sie zu meistern. Flow ist ein unbezahlbarer Garant für Glücksgefühle.

STÄRKEN IM TEAM NUTZEN

Pädagogische Arbeit ist nie ein Einzelkampf, sondern Teamarbeit. Und genau da kommt es darauf an, dass alle ihre individuellen Stärken kennen und gezielt einbringen, um sich gegenseitig unterstützen – und entlasten – zu können.

Warum das so wichtig ist:

- **Rollen sinnvoll verteilen:** Wenn Teammitglieder ihre Stärken kennen, können Aufgaben passend delegiert werden. Das sorgt für Effizienz und auch für mehr Zufriedenheit. Klar. Denn das, was wir gern tun, fällt uns einfach leichter.

- **Kompetenzen ergänzen sich:** Vielleicht bist du besonders gut im empathischen Umgang mit Eltern, während deine Kollegin strukturiert und vorausschauend plant. Gemeinsam schafft ihr mehr und unterstützt euch gegenseitig.

- **Wertschätzung und Wachstum:** Wenn Stärken im Team benannt und gesehen werden, entsteht eine Kultur der Anerkennung. Das motiviert und stärkt das Gemeinschaftsgefühl. Es schafft Raum, um voneinander zu lernen und sich weiterzuentwickeln.

Tipp: Überlegt gemeinsam: Welche Stärken haben wir im Team? Welche Aufgaben liegen wem besonders? Was können wir uns gegenseitig abnehmen oder voneinander lernen? Schon ein kurzes Gespräch dazu kann vieles klären und verändern.

KURZ GESAGT
Was zeichnet Effizienz aus?

Wenn ich von Effizienz spreche, meine ich nicht das ständige Optimieren im Sinne von: schneller, besser, mehr. Es geht nicht darum, dass Fachkräfte noch mehr leisten sollen. Effizient zu arbeiten, bedeutet: bewusster zu arbeiten. Strukturen zu nutzen, Klarheit zu schaffen, Aufgaben zu ordnen, um herauszufinden:

☞ Was ist wirklich wichtig?

☞ Was ist leistbar – und was nicht?

Effizienz heißt auch, den Mut zu haben, Nein zu sagen, um Zeit und Energie dort einzusetzen, wo sie am meisten bewirken: in der Beziehung zu den Kindern, im Team, bei sich selbst. Effizienz ist ein Werkzeug für mehr Selbstbestimmung, Klarheit und Handlungsspielraum im Kita-Alltag. Letztlich führt das auch zur Entlastung, und die brauchen wir so dringend.

PRAKTISCHE ÜBUNGEN, UM DEINE STÄRKEN ZU NUTZEN

Jetzt fragst du dich vielleicht: „Wie erkenne ich meine Stärken?" Gute Frage. Hier sind ein paar Übungen, die dir dabei helfen können, deine Fähigkeiten zu entdecken und gezielt einzusetzen:

- **Stärken-Journal**: Nimm dir jede Woche ein paar Minuten Zeit und schreibe auf, was du gern gemacht hast und welche Stärken du dabei genutzt hast. So siehst du schwarz auf weiß, was du alles abdeckst, und kannst auch reflektieren, was dir leichtfällt und was dir Freude bereitet.
- **Feedback einholen**: Frag ruhig deine Kolleg:innen oder die Kinder nach Feedback. Was sagen sie über dich? Andere sehen uns oftmals klarer, als wir uns selbst sehen. Das hilft dir, deine Stärken aus einer anderen Perspektive wahrzunehmen.
- **Stärken-Tag**: Wähle einen Tag in der Woche, an dem du bewusst versuchst, deine Stärken einzusetzen. Vielleicht bist du ein Organisationstalent, dann nimm dir an diesem Tag vor, den Tagesablauf zu planen und alles ins Rollen zu bringen. Schau, wie es sich anfühlt und wie du dich danach fühlst.

Tipp: Einen Test zu deinen Charakterstärken findest du auf viacharacter.org ▶ Discover Your Strengths ▶ Take the survey now!

IN BALANCE – STÄRKEN UND SELBSTFÜRSORGE

Deine Stärken sollten dir nicht zum Verhängnis werden. Zu viel Empathie kann dich auslaugen, zu viel Organisation kann dich starr und unflexibel machen. Die Balance ist entscheidend, um deine Stärken nachhaltig einzusetzen.

Wie dir das gelingt:

- **Grenzen erkennen und wahren:** Deine Geduld ist eine Stärke, aber sie darf nicht dazu führen, dass du dich ständig übergehst. Deine Empathie ist wertvoll, aber du musst nicht jedes Problem deiner Mitmenschen lösen. Achte auf die feine Grenze zwischen Einsatz und Überforderung.

- **Selbstfürsorge als Grundhaltung:** Pausen, Schlaf, Bewegung, Gespräche, Genuss – all das lädt deinen inneren Akku auf. Stärken gedeihen nur auf einem gesunden Boden.

- **Stärken entwickeln sich weiter:** Vielleicht warst du bisher besonders organisiert, wünschst dir jetzt aber mehr Gelassenheit. Oder du willst deine kreative Seite stärker einbringen. Super! Lass es zu. Stärken verändern sich mit dir und deinem Leben.

Aus der Praxis: Stärken als Grundlage

Farid (29) ist seit drei Jahren im Team, ein Quereinsteiger mit viel Einfühlungsvermögen und einem guten Blick für Details. Er merkt, wenn sich ein Kind zurückzieht oder durch etwas belastet ist. Er spricht mehrere Sprachen fließend, und alle lieben seine spontanen Bewegungsspiele im Hof. Aber im Team? Da wird er oft in eine Schublade gesteckt: „Du kannst gut toben, mach doch was draußen mit den Kindern." Lange nickt er das ab. Macht seinen Job. Bis er irgendwann spürt:

☞ „Ich kann mehr, aber niemand sieht's."

🚀 Die Idee: Ein Teamcheck mal anders

Farid spricht in der Teamsitzung an, was ihn beschäftigt: „Ich wünsch mir, dass wir unsere Stärken im Team besser kennen und nicht nur sehen, was wir leisten, sondern merken, was uns eigentlich ausmacht."

Er startet die Aktion: „Was ich an dir sehe":

- Für jedes Teammitglied gibt es eine Karte, auf der der Name notiert wird.

- Die Karten werden reihum weitergereicht und alle schreiben etwas auf, das sie mit dieser Person (Stärkendes) verbinden.

- Die Karten werden zurückgegeben und können entweder reihum laut vorgelesen oder im Stillen gelesen werden.

Zusätzlich gestaltet Farid einen kurzen Fragebogen:

• Was fällt dir im Alltag leicht?

• Wobei wirst du immer wieder um Rat gefragt?

• Was würdest du gern öfter tun?

🌱 Der Effekt: Sichtbarkeit & Selbstbewusstsein

Nach wenigen Wochen verändert sich die Stimmung:

- Die Kolleg:innen schätzen einander über ihre üblichen Rollen und Routinen hinaus.
- Im Alltag entstehen neue Teamkonstellationen, weil klarer ist, wer worin stark ist.
- Leitung und Team entscheiden, die Aufgaben neu zuzuordnen: Farid übernimmt jetzt regelmäßig die Sprachfördergruppe und moderiert Teambesprechungen, wenn es um sensible Themen geht.

Er selbst sagt:

„Ich dachte bisher, ich müsste mich anpassen. Jetzt weiß ich: Ich darf ich sein. Und das ist sogar hilfreich fürs Team."

💡 Deine Inspiration:

▶ Stell dir vor, du musst nicht alles gut können oder gern tun. Auch deine Kolleg:innen dürfen sich in bestimmten Bereichen einbringen und sich dafür aus anderen rausnehmen. Was verändert sich im Team, wenn die Frage lautet:

☞ Was kannst du besonders gut und wie können wir das gemeinsam nutzen?

Wer Stärken sichtbar macht, zeigt: Du bist nicht zufällig so, wie du bist. In dir steckt etwas Wertvolles, das zählt.

Teambuilding in der Kita: Gemeinsam stark

„Zusammenkommen ist ein Beginn, Zusammenbleiben ein Fortschritt, Zusammenarbeiten ein Erfolg."
– Henry Ford

Ohne ein gutes Teamgefühl wird's schnell zäh wie alter Kaugummi unter der Turnhallenbank. Die Kinder spüren das. Die Eltern spüren das. Und am meisten spürst du es selbst – in den Schultern, im Bauch, beim Blick morgens in den Spiegel. Aber die große Teambuilding-Klausur mit Achtsamkeit am Seeufer und Fingerfood? Die passiert in der Realität selten. Das macht aber nichts. Wir denken Teambuilding einfach neu, total kreativ und flexibel. Und mit ganz viel Alltagsmagie. Hier kommen ein paar praktische, frische Ideen, wie ihr euch trotz stressigem Alltag näherkommt, ohne PowerPoint-Folien und große Reden.

1. Mini-Check-Ins mit Maxi-Effekt

Wer sagt, dass Teamsitzungen immer Stunden dauern müssen? Nehmt euch zehn bis fünfzehn Minuten zwischendurch oder eingebettet in bestehende Übergaben und fragt euch gegenseitig: Wie geht's dir? Wo brennt es gerade? Was brauchst du? – Klingt simpel? Ist es auch. Aber es wirkt. Diese kleinen „Wie-ticken-wir-gerade"-Momente helfen, im Chaos nicht den Kontakt zueinander zu verlieren.

2. Kleine Auszeiten für die Seele

Fünf Minuten, in denen zwei oder drei Kolleg:innen kurz durchatmen, lachen oder schweigen – gemeinsam. Das kann bei einer Tasse Tee sein, mit einer kurzen Atemübung oder einfach mal darüber klagend, was heute schon alles schiefgegangen ist (Stichwort: Reis zum Mittagessen). Diese Mini-Pausen entlasten das Nervenkostüm. Sie wirken nicht lang, aber sie helfen sofort. Keine „Ich-hoffe-mich-sieht-jetzt-niemand"-Termine, sondern ganz bewusste Auszeiten.

3. Das Mentoring-Karussell: Drehen erlaubt!

Wie wär's mit einem rotierenden Mentoring-Modell? Kein Coaching à la Business-Bibel, eher: „Ich bin gerade dein Buddy. Hast du Fragen, Sorgen, Ideen? Ich höre dir zu." – Jede:r ist mal dran, jede:r wird mal gesehen. Und: Jede:r wächst, fachlich und menschlich. Und wenn's gut läuft, entstehen dabei auch ziemlich solide Kita-Freundschaften.

4. Kurze Übungen, große Wirkung: Teamspaß to go

Diese kleinen Impulse machen Spaß, lockern auf und lassen euch ein bisschen mehr „Wir" fühlen.

- **Gemeinsames Ziel setzen:** Was ist unser Ziel des Tages oder der Woche? Zum Beispiel: Wie oft wollen wir heute lachen?

- **Lob-Runde:** Vor Feierabend sagt jede:r etwas Nettes über eine:n Kolleg:in. Bringt Herzen vor Freude zum Glühen!

- **Team-Challenge:** Jede Gruppe zieht montags eine Karte mit einer Aufgabe (zum Beispiel: „Wir überraschen die rote Gruppe"). Was genau passiert, bleibt geheim – das ist Teil des Spiels! Am Freitag schaut ihr gemeinsam, wie die Challenges gemeistert wurden. **Tipp:** Tauscht die Aufgaben regelmäßig aus.

- **Worte wechseln mit...** einer Kollegin, die du heute noch nicht gesprochen hast – dem jüngsten Kollegen im Team – der Kollegin, die als nächstes Geburtstag hat... Stellt eine Liste zusammen und schaut nach einer Woche, ob ihr all diese Gespräche geführt habt (da es eine Teamaufgabe ist, dürft ihr sie natürlich gemeinschaftlich lösen).

- **Der Team-Würfel:** Bastelt euch einen Würfel mit Fragen wie: Was war heute dein Kita-Highlight? Oder: Wer rettet dir regelmäßig den Hintern, und warum?

5. Kleine Fluchten: Teamspaziergänge

Frische Luft, Bewegung und Gespräche ohne Unterbrechungen: Ein gemeinsamer Spaziergang – auch in kleiner Besetzung – kann mehr bringen als manche Teamsitzung. Regelmäßig organisierte „Mini-Auszeiten" außerhalb der Einrichtung, wie ein Spaziergang um den Block oder ein kurzer Besuch im Park, schaffen Raum für echten Austausch. Es geht hierbei um Verbindung, und die entsteht oft genau dort, wo der Alltag kurz Pause macht. Ein starkes Team entsteht nicht zufällig. Es ist das Ergebnis von vielen kleinen Entscheidungen: füreinander, miteinander und trotz allem. Die Kita ist oft laut, chaotisch und kräftezehrend, aber wenn das Team zusammenhält, wird aus dem Wahnsinn eine ziemlich gute Zeit. Und ja, manchmal ist ein aufmunternder Blick, ein gemeinsames Lachen oder ein spontan geteiltes Schokostückchen genau das, was euch zusammenbringt.

KURZ GESAGT
Lästern im Team: Ventil oder Vertrauensbruch?

Lästern – kaum jemand spricht offen darüber, aber in vielen Kita-Teams ist es ein fester Bestandteil des Alltags. Zwischen Tür und Angel, in der Teeküche oder beim Aufräumen fällt schnell mal ein Kommentar über Kolleg:innen, Eltern oder die Leitung.

Lästern erfüllt eine soziale Funktion. Es entlädt angestaute Emotionen, schafft kurzfristig Verbundenheit („Du siehst das auch so!") und wirkt wie ein Ventil, gerade in stressigen Situationen. In einem anspruchsvollen, manchmal emotional aufgeladenen Berufsfeld wie der Kita kann dieses „Dampfablassen" sogar dabei helfen, Spannungen zu regulieren, solange es niemandem schadet.

Zum Problem wird Lästern dann, wenn es abwertend wird, auf Kosten anderer geht oder Konflikte verdeckt, statt sie zu lösen. Dann untergräbt es Vertrauen, spaltet das Team und vergiftet das Miteinander.

Was braucht es stattdessen?
- Räume, in denen Unzufriedenheit offen, respektvoll und lösungsorientiert angesprochen werden darf.
- Eine Teamkultur, die auf Vertrauen, Rückmeldung und Selbstreflexion basiert.
- Und das Bewusstsein: Lästern kann entlasten, aber echte Entlastung entsteht erst dort, wo Dinge wirklich geklärt werden.

Aus der Praxis: Kita mit Teamwerkstatt

Sophie (41) arbeitet in einer großen Kita mit über zwanzig Kolleg:innen. Die Arbeit ist spannend, herausfordernd und vielfältig. Aber das Miteinander? Das ist eher ein Nebeneinander. Alle machen ihr Ding. Dienstpläne laufen. Übergaben funktionieren. Aber es fehlt etwas – das Wir-Gefühl.

☞ „Wir arbeiten zusammen, aber fühlen uns nicht unbedingt verbunden", sagt Sophie. Der Impuls kommt nach einem chaotischen Elternabend, an dem sie merkt: Wir sind alle gestresst, aber niemand redet wirklich darüber.

🚀 Die Idee: Zeit fürs Team

Sophie schlägt ein einfaches Projekt vor:
„Teamwerkstatt. Einmal im Monat. Ohne Tagesordnung."
Die Regeln:

- Eine Stunde, jeden letzten Freitag im Monat.
- Nicht verpflichtend, aber eine Einladung an alle.
- In der Mitte des Raums liegt jedes Mal ein anderes Werkzeug und regt zu Gesprächen an (zum Beispiel Hammer, Schraubenzieher, Wasserwaage, Maßband).
- Fragen: Wie geht's uns gerade? Was stärkt uns? Was nervt? Was brauchen wir voneinander?
- Plus ein „Wohlfühl-Bonus" pro Treffen: etwas zu essen, kleine Spiele, kreative Aufgaben.

Dazu hängt Sophie eine Karte an die Tür zum Personalraum:
☞ „Was würdest du dir vom Team wünschen, wenn alles möglich wäre?" Jede Woche wird gesammelt, geträumt, diskutiert. Ohne Druck. Lustig darf's natürlich sein.

🏆 Der Effekt: Verbindung statt Ausbrennen

Nach fünf Monaten geht es dem Team deutlich besser:

- Neue Kolleg:innen fühlen sich schneller integriert,
- langjährige Teammitglieder entdecken neue Seiten an sich,
- Konflikte werden früher angesprochen, weil das Vertrauen zueinander wächst,
- es entsteht eine gemeinsame Vision, die über „Dienst nach Vorschrift" hinausgeht.

Ein Highlight: Der gemeinsam gestaltete „Wir-sind-ein-Team"-Wandkalender mit monatlichen Teamaktionen von „Pizzatag" bis „Kindheitsfoto-Raten".

Sophie sagt:
„Teambuilding muss kein großes Event sein. Es ist die Entscheidung, füreinander da zu sein, auch im turbulenten Alltag."

💡 Deine Inspiration:

▸ Stell dir vor, du führst eine „Teamwerkstatt" ein und legst dafür verschiedenes Werkzeug aus. Welches wäre das und warum? Was könnten die Kolleg:innen (symbolisch) damit tun?

Teambuilding heißt einander zu kennen, zu achten und gemeinsam zu wachsen, trotz aller Differenzen.

Das Gleichgewicht halten: Arbeit, Leben und der Trick mit der Balance

„Balance ist nicht etwas, was du findest. Es ist etwas, das du schaffst."
— Jana Kingsford

Der pädagogische Alltag gleicht schon oft einem Zirkusakt ohne Sicherheitsnetz: Du jonglierst permanent zwischen Kindern, Kolleg:innen, Eltern, den Anforderungen des Trägers und dann auch noch deinen eigenen Ansprüchen. Und wenn du glaubst, du musst alles unter einen Hut bekommen, dann möchte ich dich jetzt überraschen: Das geht gar nicht. Es darf also nicht dein Ziel sein, alles zeitgleich und am besten perfekt zu erledigen. Stattdessen darf es dir darum gehen, die richtigen Entscheidungen zu treffen, um deine Arbeit so zu gestalten, dass sie mit deinem Leben im Einklang ist. Es ist ein Balanceakt, und die Lösung liegt darin, Prioritäten zu setzen, strategisch zu arbeiten und dir die Freiräume zu schaffen, die du brauchst.

1. Die Leistungskurve oder: Warum wir nicht 8 Stunden auf gleichem Niveau leistungsfähig sind

Wir haben am Tag unterschiedliche Phasen, in denen wir besonders leistungsfähig sind – und eben auch Phasen, in denen wir nichts mehr auf die Reihe bekommen. Wenn wir in leistungsfähigen Phasen unsere Pause machen, macht das nur Sinn, wenn wir in der Zeit einen Marathon laufen wollen.

Denn genau dann sind wir aufnahmefähig, präsent und richtig motiviert. In Phasen, in denen wir uns nach Ruhe sehnen, gleicht unsere Aufnahmefähigkeit einer ausgeschalteten Tonie-Box – da läuft nichts mehr. Und ein Einsatz im Gruppendienst kann dann äußerst kontraproduktiv sein. Was du mit diesem Wissen tun kannst? Deinen Tag proaktiv an deine natürlichen Leistungsspitzen anpassen, wenn du sie kennst.

Wann erlebst du deine Leistungsspitzen? Ist es am Vormittag, wenn der Tag erst wenige Stunden alt ist und du das Gefühl hast, Kinder gut begleiten zu können? Was gelingt dir in diesen Momenten besonders gut? Wofür hättest du in dieser Phase gern mehr Zeit? **Wann merkst du, dass deine Energie nachlässt?** Wann wechselt dein Körper in den Ruhemodus und macht es dir schwer, komplexe Aufgaben zu erledigen? Was fällt dir dann leichter? Was könntest du dir selbst oder dem Team in dieser Zeit zumuten und was lieber nicht? Auch kleinere organisatorische Aufgaben, die sonst nebenherlaufen, können bewusst in diese Phasen gelegt werden: Materialien vorbereiten, aufräumen, sich mit Kolleg:innen abstimmen. Tauscht euch im Team darüber aus. Es ist überraschend, welche Lösungen möglich sind, wenn ihr eure individuellen Leistungskurven berücksichtigt.

Grundsätzlich sollten wir uns fragen: Ist die Tätigkeit in Vollzeit dauerhaft überhaupt realistisch und gesund? Und für dich persönlich: Wie viele Stunden im Gruppendienst fühlen sich gut an? Wann wärst du gern anwesend, um dich anderen Aufgaben zu widmen? Und auf welche Stunden könntest du verzichten, sofern es finanziell machbar ist? Wir müssen ein Umdenken einleiten: Nur wenn wir unsere eigenen Grenzen ernst nehmen, können wir langfristig gesund, motiviert und mit Freude im Beruf bleiben.

2. Es muss nicht alles nach Plan gehen

Warum werden die Arbeitszeiten so strikt festgelegt? Warum nicht mal später anfangen oder früher gehen, wenn das dein Wohlbefinden freut und gut abgestimmt werden kann? Flexibilität ist bereits in vielen Berufen selbstverständlich und macht auch das Kita-System attraktiver! Wenn wir das Tempo selbst bestimmen, bekommen wir nicht nur mehr erledigt, wir bleiben auch motivierter. Gleiches gilt für die Familien: Müssen die Kinder unbedingt bis 9 Uhr in der Kita sein, wenn die Eltern erst um 11 Uhr arbeiten? Zuschüsse, die an Öffnungszeiten und Anwesenheit gekoppelt sind, erschweren flexible Modelle. Aber was wäre, wenn wir genau das infrage stellen? Denn es macht das Kita-Leben leichter.

3. Flexibilität für mehr Fokus

„Wir haben immer dienstags unser Teammeeting." – Ja, aber wie wäre es, wenn ihr nicht erst um 15 oder 17 Uhr zusammenkommt, sondern bereits um 9 Uhr? Der Tag ist noch relativ unbelastet, ihr seid aufnahmefähig und könnt euch gut einbringen. Wie wäre es, wenn ihr auf diese Weise alle bestehenden Strukturen hinterfragt und das Arbeitsumfeld so gestaltet, dass es besser zu euch passt?

4. Pausen berücksichtigen

Wir haben es zwar schon ein paar Mal angesprochen, trotzdem: Gönn dir eine Pause, wann immer du merkst, dass du sie brauchst. Sei es ein kurzer Spaziergang, ein paar Minuten der Stille oder ein Handstand (wenn du das kannst, Respekt, ich kriege das leider nicht mehr hin). Pausen sind keine verlorene Zeit, vielmehr Tankstellen, damit du danach mit frischer Kreativität zurück an die Arbeit kannst. Das macht Absprachen erforderlich, klar, aber vieles ist machbar!

5. Kraftzonen erschaffen

Ein Arbeitsumfeld, das dich ausbrennen lässt? Bloß nicht! Gestalte deinen Arbeitsplatz so, dass er dich wirklich stärkt. Überlege, wie du mehr Freiräume für dich selbst schaffen kannst. Ein Ort, an dem du kreativ sein kannst, an dem du dich mal zurückziehst oder wo du dich mit Kolleg:innen austauschst, um in deine Kraft zurückzufinden.

6. Übergänge bedürfnisorientiert gestalten

Damit sind nicht die Übergänge der Kinder in der Kita gemeint, sondern tatsächlich deine! Wie kommst du morgens an, wie gut schaltest du in den Feierabend-Modus? Gerade wenn du weißt, dass der Abend zu Hause noch viel von dir verlangt – mit Familie, Terminen oder einfach nur dem Gefühl: „Jetzt müsste ich auch noch funktionieren" – darfst du schon tagsüber bewusst mit deiner Energie umgehen. Das ist leichter gesagt als getan, denn der Tag fordert viel Konzentration, Präsenz und emotionale Zuwendung. Doch es geht hier nicht darum, bei den Kindern „abzuschalten". Es geht darum, andere Aufgaben (wie aufwendige Dokumentation, Zusatzprojekte, konflikthafte Gespräche) nicht zusätzlich obendrauf zu packen, wenn du spürst, dass deine Ressourcen begrenzt sind. Was hilft?

- **Frühzeitig priorisieren**: Was muss heute wirklich sein und was kann bis morgen warten?

- **Energieinseln schaffen**: Kurze Pausen, entspannende Yoga-Posen, ein kurzes Gespräch mit der Lieblingskollegin. Manchmal reichen ein paar Minuten.

- **Feierabend einleiten**: Finde ein persönliches Ritual für den Tagesabschluss – ein kurzer Spaziergang, eine Notiz an dich selbst, dein Lieblingslied.

- **Erkenne deine Muster**: Wann bist du besonders erschöpft? Was hilft dir beim Loslassen? Je besser du dich kennst, desto bewusster kannst du Übergänge gestalten.

7. Schleusen einplanen

Auch du brauchst kleine Rituale, um bewusst zwischen den Rollen zu wechseln – von Fachkraft zu Privatmensch, von „Ich muss alles geben" zu „Ich darf jetzt einfach nur ich sein". Hier ein paar Schleusen-Ideen:

- **Der Weg nach Hause als Reset-Zeit:** Keine Anrufe, kein Grübeln. Hör Musik, einen Podcast, oder genieße einfach die Stille.
- **Jacke aus = Rolle aus**: Wenn du zu Hause ankommst, zieh bewusst mit der Jacke auch den Kita-Tag aus.
- **Gedanken parken:** Führe ein „Gedanken-to-go"-Notizbuch oder eine Handy-Notiz, in die du belastende Gedanken oder To-Dos packst zum späteren Drüberschauen. Das entlastet sofort.

Tipp: Der Wechsel-Zettel

Kleines Ritual für den Feierabend. Schreib dir kurz auf:

- Was lasse ich heute hier?
- Was nehme ich bewusst mit (zum Beispiel eine schöne Beobachtung)?
- Was kann bis morgen warten?

Der Zettel wandert in ein Glas oder eine Box, dein symbolisches „Ich hab's abgelegt"-Gefäß. So entsteht ein sichtbares Ritual zum Loslassen.

Aus der Praxis: Die Ruheinsel

Birte (35) ist seit zehn Jahren Erzieherin und liebt ihren Beruf. Nach einem besonders intensiven Frühjahr mit Personalausfällen, belastenden Themen mit Eltern und dem Aufbau einer neuen Krippengruppe, merkt sie:

☞ „Ich bin einfach nur noch müde. Körperlich und emotional leer."

🚀 Die Idee: Raum schaffen mitten im Alltag

Zusammen mit zwei Kolleginnen entwickelt Birte ein simples Konzept: Die „Ruheinsel" im Personalraum.
Die Umsetzung ist unkompliziert:
- eine weiche Decke,
- ein gemütlicher Sessel,
- ruhige Musik über Kopfhörer,
- Affirmationskarten
- und eine Sanduhr für zehn Minuten Pause.

Die Regeln:
- Jede:r darf einmal pro Tag für zehn Minuten die Insel nutzen, ohne schlechtes Gewissen. Die Vertretung wird im Team flexibel geregelt.
- Kein Handyklingeln, keine Gespräche, kein „Wir brauchen dich kurz".

🌱 Der Effekt: Kleine Pausen, große Wirkung

Schon nach zwei Wochen berichten Kolleg:innen über:

• mehr Gelassenheit im Alltag,

• weniger Spannungen im Team,

• einen bewussteren Umgang mit eigenen Kräften,

• eine neue Kultur: Selbstfürsorge ist erwünscht.

Die Affirmationskarten werden zum Ritual. Viele starten ihren Tag mit einem kurzen Blick auf eine Karte wie: „Ich darf das" oder „Ich bin gut, auch wenn ich einen Gang zurückschalte".

Birte sagt:
„Wenn wir wollen, dass wir langfristig für Kinder da sein können, dann müssen wir lernen, auch gut für uns selbst zu sorgen."

💡 **Deine Inspiration:**

▶ Stell dir vor, du stehst auf einer Waage und versuchst, beide Seiten auszubalancieren. Die eine Seite ist deine Leistung: das, was du gibst, schaffst, erreichst. Und die andere deine Erholung: das, was dich stärkt, nährt, wieder auflädt.

• Was tust du, wenn du „leistest"? (Arbeiten, Kümmern, Schaffen, Organisieren etc.)

• Wie sieht Erholung für dich aus? (Ruhe, Schlaf, Natur, Gespräche, Kreativität etc.)

Fragen zur Selbstreflexion:

- Welche Seite wiegt im Moment schwerer, und warum?

- Was passiert mit dir, wenn du zu lange auf einer Seite bist?

- Was könntest du ganz konkret verändern, um mehr Erholung in dein Leistungsverhalten einzubauen – und umgekehrt?

Balance beginnt nicht nach Feierabend. Sie beginnt mittendrin. In kleinen Entscheidungen. Im Team. Im Alltag.

Wie Netzwerke stärken – fachlich, menschlich und ganzheitlich

„Alleine sind wir ein Tropfen, zusammen ein Ozean."
– Ryunosuke Satoro

Du gibst jeden Tag dein Bestes zwischen Kinderlachen, Elternfragen, Teamabsprachen und To-Dos, die sich nicht an Dienstzeiten halten. Du arbeitest professionell und mit ganz viel Herzblut, und manchmal auch mit zu wenig Zeit für dich selbst. Da ist es leicht, zu denken: „Ich muss das allein schaffen." Aber das Gegenteil ist der Fall: Du darfst dir Unterstützung holen. Du darfst dich vernetzen. Weil es gemeinsam leichter wird. Und schöner. Und wirksamer.

DU BIST NICHT ALLEIN, AUCH WENN'S SICH MANCHMAL SO ANFÜHLT

Pädagogische Arbeit ist Beziehungsgestaltung, Entwicklungsbegleitung, Sinnstiftung. Und manchmal auch emotional herausfordernd, kraftraubend oder schlicht überfordernd. Genau deshalb sind Netzwerke so wertvoll:

- **Sie schenken dir Verständnis.** Menschen, die ähnliche Erfahrungen machen, verstehen dich, auch ohne große Erklärungen.
- **Sie eröffnen neue Perspektiven.** Im Austausch entstehen Ideen, die du allein vielleicht nie entdeckt hättest.

- **Sie sind gewinnbringend für deine Entwicklung**. Netzwerke sind wie Dünger für deine fachliche und persönliche Weiterentwicklung.

WELCHE NETZWERKE TUN DIR GUT?

Nicht jedes Netzwerk muss riesig sein. Nicht jede Form muss zu dir passen. Wichtig ist nur: Du findest einen Ort, an dem du dich gesehen und getragen fühlst.

Hier ein paar Ideen, wo du solche Orte entdecken kannst:

- **Kollegiale Netzwerke**: Im eigenen Team oder zwischen Kitas. Reflexionsrunden, gemeinsame Projekte oder einfach ein offenes Ohr stärken euch alle.
- **Fachliche Netzwerke**: Ob Online-Community, Fachverband oder Workshop. Hier warten neue Impulse, aktuelles Wissen und inspirierende Begegnungen.
- **Supervision & Coaching:** Externe Begleitung schafft Raum zum Innehalten, Reflektieren, Ausrichten. Für dich und für deine Entwicklung.
- **Privates Netzwerk:** Freund:innen, Familie, Wegbegleiter:innen. Menschen, die dich lieben, lachen lassen und auch mal halten, wenn du müde bist.

NETZWERKE ENTSTEHEN NICHT ÜBER NACHT

Ein gutes Netzwerk fällt nicht vom Himmel. Aber es wächst mit jedem Schritt, den du gehst:

- **Mach den Anfang**. Frag eine Kollegin nach einem gemeinsamen Austausch. Oder ruf eine Person an, die du schon lange mal kontaktieren wolltest.
- **Teile, was dich bewegt.** Aus ehrlichen Gesprächen entstehen echte Verbindungen.

- **Such dir Gemeinschaft.** Ob online oder vor Ort – irgendwo da draußen gibt's Menschen, die ähnlich ticken wie du und sich über dich freuen werden.

NETZWERKE INITIIEREN

Ein Kita-Netzwerk zu initiieren, bedeutet frischen Wind in den Alltag zu bringen und neue Impulse zu setzen, und das nicht nur für die Kinder, sondern auch für das gesamte Team.

- Welche **externen Akteur:innen** bringen Abwechslung in den Tag, vielleicht dadurch, dass sie den Kindern etwas zeigen oder Workshop-Gruppen leiten? Welche Unternehmen im Umkreis hätten daran Interesse und freuen sich über einen „Social Day" bei euch, um ihr Know-How weiterzugeben oder einfach Zeit mit euch zu verbringen?

- **Patenschaften für die Kita oder für Kita-Gruppen:** Ob als Bürgermeister:in, Buchhändler:in, Lehrkraft einer Schule oder Schauspieler:in – wer möchte eine Patenschaft übernehmen und euch regelmäßig unterstützen?

- **Auch umgekehrt:** Mit wem möchtest du dein Wissen teilen? Für welche Patenschaft interessierst du dich? Wie viel Zeit kannst du dir dafür nehmen?

LEITUNGSKRÄFTE ALS INITIATOR:INNEN

Wenn du selbst in Leitungsverantwortung bist, kannst du die Verbindungskultur positiv beeinflussen.

- **Öffne Räume für Austausch.** Schaffe Gelegenheiten, die Teams zur gegenseitigen Stärkung nutzen können, jenseits von Pflichtbesprechungen.

- **Investiere in Entwicklung.** Ob in Form von Supervision, Coaching, Fortbildung, Netzwerktreffen oder als Kita-Tandem, setze proaktiv Maßnahmen um, um Netzwerke zu schaffen und zu unterstützen.
- **Bleibe aufmerksam.** Manchmal hilft es, einfach nur da zu sein und zuzuhören, um Kolleg:innen das Gefühl zu geben: „Ich bin nicht allein."

NETZWERKE LEBEN VOM TEILEN

Ein unterstützendes Netzwerk entsteht, wenn sich alle gesehen fühlen. Wenn aus dem „Ich brauche etwas" auch mal ein „Ich kann etwas geben" wird. Und umgekehrt.

- **Teile dein Wissen.** Deine Erfahrungen können für andere Gold wert sein.
- **Nimm dir Zeit.** Echtes Zuhören ist ein großes Geschenk.
- **Wertschätze, was du bekommst.** Ein kleines „Danke" kann eine große Wirkung haben.

Sich zu vernetzen, ist ein Zeichen von Mut, Vertrauen und Selbstfürsorge. Durch das Miteinander geraten wir in Bewegung. Wir können uns gegenseitig stützen, inspirieren, stärken, füreinander da sein, auch über das Fachliche hinaus.

- Was bedeutet „gutes Netzwerken" für dich persönlich?
- Welche Erfahrungen hast du bisher damit gemacht?
- Wo warst du schon Teil eines unterstützenden Systems? Und was hat dir daran gutgetan?

Aus der Praxis: Kita im Tandem

Yasemin (42) leitet eine kleine, ländlich gelegene Kita mit einem engagierten Team, aber auch mit vielen Herausforderungen: Personalausfälle, fehlende Vertretungskräfte und kaum Zeit für fachlichen Austausch. Im Nachbarort, nur zehn Minuten entfernt, arbeitet **Ben (39)** als Leiter einer größeren Kita. Auch dort ist der Alltag turbulent, aber das Team ist gut aufgestellt, und es gibt mehr personelle Ressourcen.

☞ Die Begegnung der beiden findet zufällig statt, im Rahmen einer Fortbildung zu Inklusion. In der Pause reden sie über den Alltag, über Herausforderungen und Ideen. Und dann steht die Frage im Raum: „Warum profitieren wir eigentlich nicht mehr voneinander?"

🚀 Die Idee: Netzwerken auf Augenhöhe: Kita trifft Kita

Noch in der gleichen Woche schreiben Yasemin und Ben ein gemeinsames Konzept: „Kita-Tandem", ein Austauschprojekt zwischen zwei Einrichtungen:

- gegenseitige Hospitationen (mindestens 1x/Quartal),
- Vertretungsabsprachen bei kurzfristigen Ausfällen (zum Beispiel für Elterngespräche, Notdienste),
- ein gemeinsames digitales Padlet, auf dem Ideen, Materialien und Praxisimpulse geteilt werden,
- halbjährlich ein Netzwerk-Treffen der beiden Teams, zum Austausch, Fachinput oder einfach nur, um sich kennenzulernen.

🌱 Der Effekt: Unterstützung statt Einzelkämpfertum

Was als kleines Projekt beginnt, wird nach einem Jahr zu einer echten Kooperation:

- Fachkräfte berichten, wie belebend es ist, diesen Tapetenwechsel zu erleben und viele Impulse für die eigene Tätigkeit zu bekommen.
- Bei personellen Engpässen hilft das Tandemmodell ganz konkret und sorgt für Entlastung.
- Zwischen Yasemin und Ben entwickelt sich ein starker fachlicher Austausch, aber auch eine neue Freundschaft.
- Die Kitas planen schließlich sogar ein gemeinsames Familien-Sommerfest mit beiden Teams und Kindern.

Ben sagt:

„Wir arbeiten alle leidenschaftlich, aber zu oft allein. Dieses Projekt hat uns gezeigt, was möglich ist, wenn wir uns zusammentun."

💡 Deine Inspiration:

▸ Überlege dir, wie eine Kita aussieht, die gegensätzlich zu deiner arbeitet: Was zeichnet sie aus? Worin liegen ihre Stärken und Schwächen? Was macht diese Kita anders und wie ist sie dort hingekommen? Du kannst dir schon denken: Es geht nicht darum, dass diese „Gegensatz-Kita" alles besser macht als ihr, dein Fazit darf auch lauten: „Hey, das läuft bei uns doch schon richtig gut."

Gemeinsam stark sein, heißt nicht, im gleichen Takt gehen zu müssen, sondern miteinander verbunden zu sein.

Den Wandel gestalten: Mut zur Rebellion

„Die gefährlichste aller Weltanschauungen ist die der Leute, die die Welt nicht angeschaut haben."
— Alexander von Humboldt

Wir nähern uns den letzten Seiten des Buches. Jetzt ist es nochmal Zeit, ordentlich Gas zu geben, um dich von der Notwendigkeit einer Veränderung zu überzeugen (YES!). Denn: Zu lange haben pädagogische Fachkräfte stillgehalten, sich angepasst und versucht, aus wenig viel zu machen. Doch wer weiter alles hinnimmt, hält ein krankes System am Laufen. Deshalb: Schluss mit dem Aushalten. Pädagog:innen sind nicht einfach nur Teil des Kita-Systems, sie sind die, die es tragen müssen. Und genau deshalb haben sie das Recht und die Verantwortung, es in Frage zu stellen.

1. Rebellion beginnt im Alltag

Der Widerstand muss nicht unbedingt laut sein. Er beginnt im Kleinen: im Mut, Nein zu sagen. Nein zu Überlastung. Nein zu unrealistischen Anforderungen. Nein zur ständigen Selbstverleugnung im Namen der „Systemrelevanz". Was wäre, wenn pädagogische Fachkräfte anfangen würden, radikal ehrlich zu sein?

- Keine unbezahlten Überstunden mehr.
- Keine Erwartungen erfüllen, die mit der Realität kollidieren.
- Keine Schönrederei gegenüber Eltern, Trägern, Politik.

Rebellion heißt nicht, destruktiv zu sein, sondern eher: konsequent. Es bedeutet, das eigene professionelle Urteil höher zu gewichten als den Druck von außen.

2. Wissen ist Widerstand

Die pädagogische Arbeit ist hochkomplex. Wer in Kitas arbeitet, braucht Fachwissen, Reflexionsfähigkeit, emotionale Intelligenz und interdisziplinäres Denken. Diese Kompetenz darf und soll laut werden.

- Fachkräfte, die sich auf ihr Wissen berufen, stellen sich gegen den Mythos vom „Spielkreis mit Bastelstunde".
- Wer Studien zitiert, wissenschaftlich argumentiert, systemisch denkt, lässt sich nicht mehr mit Floskeln abspeisen.
- Wissen wird zum Instrument gegen Ignoranz und gegen politisch gewollte oder zumindest tolerierte Unterversorgung.

3. Radikale Transparenz

Solange die Öffentlichkeit nicht sieht, was in Kitas wirklich passiert, bleibt alles, wie es ist. Rebellion heißt: sichtbar machen, was falsch läuft.

- Schwarze Bretter, auf denen steht: „Heute fehlen 3 von 5 Fachkräften. Betreuung nur noch auf Sparflamme möglich".

- Elternabende, in denen es neben pädagogischen Themen auch um Zustandsberichte geht.
- Briefe an Abgeordnete. Offene Posts. Demos. Sichtbarkeit schafft Bewegung. Nicht im Jammermodus, vielmehr als Aufforderung, mitzumachen. Denn: Kindheit geht uns alle an!

4. Utopien als Widerstand

Rebellion ist nicht nur *gegen* etwas – sie ist vor allem *für* etwas. Für die Vision einer Kita, in der gute Bedingungen selbstverständlich sind:

- Räume, in denen Kinder sich entfalten können und Erwachsene nicht ausbrennen.
- Zeit für echte Beziehungsarbeit, statt Dauerrennen im Notbetrieb.
- Pädagogik, die inspiriert, statt erschöpft.

Utopien sind stark. Wer träumt, leistet Widerstand gegen: „Es war schon immer so."

5. Gemeinsam laut werden

Als Einzelperson kannst du bereits viel bewirken, als Bündnis wirkst du unschlagbar. Rebellion heißt auch: Solidarität. Es gibt bereits viele Initiativen, an denen du dich beteiligen kannst. Oder du startest mit deinen eigenen Ideen durch. Lass dich inspirieren:

- Warum nicht einen „Tag der Stimmen" ins Leben rufen, an dem Kitas Geschichten, Wünsche und Sorgen von Kindern und Fachkräften sammeln und öffentlich sichtbar machen? Als Plakate, Postkarten, Podcasts oder Posts.

- Übergreifende Bündnisse ermöglichen es, gemeinsam zu sprechen und gehört zu werden. Wie wäre es mit einem trägerübergreifenden Manifest zur Zukunft der frühkindlichen Bildung, das gemeinsam formuliert und an die Politik überreicht wird?

- Aktionstage, kreative Störungen, stille Streiks. Nicht gegen die Politik oder Verantwortlichen, sondern für sie – oder mit ihnen. Beispiele:
  – Ein Flashmob im Morgenkreis-Format: In Fußgängerzonen, Rathäusern oder auf Social Media. Fachkräfte, die gemeinsam einen Morgenkreis gestalten und am Ende ihre Forderungen zeigen.
  – Kunst-Installation: Schuhe vor dem Rathaus mit Zetteln wie „Hier ist Platz für Bildung".
  – Stille Streiks mit Wirkung: Einen Tag lang „schweigende" Plakate am Kita-Zaun, die deutlich machen: „Heute keine Worte. Morgen keine Fachkräfte?"

- Oft lenken wir den Blick auf das, was uns belastet. Doch es gibt auch Kitas, in denen es rundläuft. Was machen sie anders? Gemeinsam laut werden kann auch bedeuten: aufzeigen, worin die Unterschiede liegen. Was braucht Kita A, um wie Kita B arbeiten zu können? Hier bieten sich auch bundeslandübergreifende Initiativen an.

Rebellion darf bunt sein. Leise oder laut. Spielerisch oder eindringlich. Aber vor allem: gemeinsam. Der Mut zur Rebellion ist ein Akt der Fürsorge für alle und ja, auch für eine gesündere Zukunft. Für mehr Qualität, Menschlichkeit und Würde.

GANZ PRAKTISCH: IDEEN FÜRS TEAM
Der wunde Punkt

Wir alle kennen die Tage, an denen wir uns in der Kita abge-kämpft fühlen. Doch was passiert, wenn wir nicht mehr ein-fach warten, dass sich die Dinge von selbst ändern? Setz dich mit deinen Kolleg:innen zusammen und überlegt gemein-sam: „Was ist unser wunder Punkt, an dem wir nichts mehr tolerieren?"

Formuliert diesen Punkt so konkret wie möglich:

- „Wenn zusätzliche Aufgaben (Elterngespräche, Do-kumentation, Aufsicht) nicht in der Arbeitszeit mach-bar sind, fordern wir Zeitressourcen ein oder strei-chen Aufgaben gemeinsam."

- „Wenn neue Vorgaben dazukommen, prüfen wir zu-erst: Was kann dafür wegfallen? Und kommunizie-ren das offen."

- …

Diese Erklärung ist ein wichtiger Schritt, um mit den beste-henden Missständen anders umzugehen.

Und Action!

Jedes Teammitglied bringt eine „Revolutions-Karte" mit, auf der die Herausforderungen und Wünsche der letzten Mo-nate notiert sind. Gemeinsam entwickelt ihr dann eine kol-lektive Aktionsagenda.

- Plant Zeit ein und tauscht euch im Team über die Missstände aus, die euch am meisten belasten. Was fällt euch auf? Was sind die häufigsten Themen?

- Entwickelt als Gruppe eine gemeinsame Forderung, die ihr laut und deutlich nach außen kommunizieren wollt, sei es ein offener Brief, eine Petition oder die

Entscheidung, das Gespräch mit dem Träger zu suchen.

- Denkt dabei an das Motto: „Zusammen sind wir stärker und sichtbarer!"

Der mutige Brief

Schreibt einen Brief, der nicht bloß Kritik übt, sondern konkrete Lösungen anbietet, der die Stimme der Fachkräfte klar und unmissverständlich wiedergibt und zeigt, wie eine Veränderung realistisch umgesetzt werden kann.

- Schreibt gemeinsam einen Brief an den Träger oder die lokalen politischen Entscheidungsträger. Nutzt dabei das Wissen, das ihr über die Bedürfnisse und das Wohl der Kinder und euch selbst habt.
- Formuliert klar, was sich ändern muss und warum das auch für die Qualität der Arbeit mit den Kindern entscheidend ist. Keine Floskeln: Beschreibt konkret, worin das Problem und die Lösung liegen.
- Überlegt, wie ihr diesen Brief als Einladung zur Zusammenarbeit präsentieren könnt.

Kita der Zukunft

Lasst eurer Fantasie freien Lauf und überlegt, wie eine Kita aussehen würde, die wirklich auf die Bedürfnisse aller Beteiligten eingeht.

- Welche Veränderungen wünscht ihr euch?
- Was wäre der perfekte Arbeitstag?
- Welche konkreten Schritte sind notwendig, um dieser Vision näher zu kommen?

Aus der Praxis: Anwendung des Wenn-Dann-Prinzips

Zara (40), die Leiterin einer integrativen Kita, steht vor einer neuen Herausforderung. Der Träger fordert das Team auf, mehr Schulungen für Eltern anzubieten, jedoch ohne zusätzliche Ressourcen oder Unterstützung. Zara, eine erfahrene Pädagogin und engagierte Führungskraft, spürt sofort: „So kann es nicht weitergehen." „Wir können diese Anforderung nur dann erfüllen, wenn uns etwas anderes abgenommen wird", erklärt sie in der Teamsitzung. Ihre Kolleg:innen nicken zustimmend.

☞ Zara möchte eine Lösung finden, die den Bedürfnissen des Trägers und denen des Teams gerecht wird.

🚀 **Die Idee: Klarheit und Verhandlung statt Ablehnung**

Zara und ihr Team nehmen das Gespräch mit dem Träger auf. Nicht mit der Absicht, die Aufgabe abzulehnen, sondern mit einem klaren Vorschlag für eine Lösung. Sie formulieren ihre Haltung und ihre Bedingungen:

1. **Klare Grenze ziehen:** „Wir sind bereit, die Schulungen zu übernehmen, aber nur unter der Bedingung, dass uns andere Aufgaben abgenommen werden oder zusätzliche Ressourcen bereitgestellt werden."

2. **Konstruktive Verhandlung:** Statt sich in der Opferrolle zu sehen, geht es Zara und ihrem Team darum, eine Lösung zu finden, die für alle Seiten tragfähig ist. Sie zeigen, dass sie grundsätzlich bereit sind, mitzuwirken, wenn sie dabei unterstützt werden.

3. **Respekt für die Arbeit einfordern:** Es geht um mehr als nur den Widerstand gegen Überlastung. Es geht um die Anerkennung der Tätigkeit und das Selbstverständnis, steigende Anforderungen nicht einfach hinzunehmen.

🏆 Der Effekt: Ein respektvoller Dialog und ein Ergebnis, das alle zufriedenstellt

Das Gespräch mit dem Träger zeigt Wirkung. Er stimmt zu, einige der zusätzlichen Aufgaben an andere Stellen zu delegieren und stellt zusätzliche Ressourcen für die Vorbereitung der Schulungen (Raum herrichten, Bewirtung etc.) zur Verfügung.

„Es war ein erfolgreicher Dialog", sagt Zara. „Wir haben unsere Grenze klar kommuniziert und eine Lösung gefunden, die sowohl für uns als Team als auch für den Träger machbar ist. Wir sind bereit, andere Aufgaben zu übernehmen, aber nicht auf Kosten unserer Gesundheit und Arbeitsqualität."

💡 Deine Inspiration:

▸ Erstelle eine Liste (allein oder im Team) mit Punkten, die belastend sind und nicht einfach schöngeredet werden können. Notiere nun, wie ihr bisher damit umgeht („Wir machen die Aufgabe einfach mit"), und überlege dir im nächsten Schritt, welche (innovative/rebellische/ungewöhnliche) Lösung sowohl den Bedürfnissen des Teams als auch denen der Leitung/des Trägers gerecht wird?

Die Lösung liegt darin, überraschende und neue Wege zu gehen. Denn vom Klagen haben wir doch alle genug, oder?

Hallo, Zukunft! Warum das System nicht krank sein darf, wenn Kinder darin gesund aufwachsen sollen

„Man darf nie verlernen, die Welt mit den Augen eines Kindes zu sehen."
– Henry Matisse

Warum reden wir eigentlich noch über *Betreuungsplätze* und nicht über *Raum für Kinder*? Warum geht es in den Diskussionen zur frühkindlichen Bildung mehr um die Frage, wie viel Zeit Kinder in der Kita verbringen müssen, als um die Qualität dieser Zeit? Warum wird die Struktur der Kita so oft an den Bedürfnissen von Erwachsenen gemessen, anstatt an denen der Kinder?

Kitas sind keine Aufbewahrungsorte. Schulen keine Sortieranlagen. Und Kinder keine kleinen Erwachsenen, die einfach mitlaufen müssen, bis „der Ernst des Lebens" beginnt. Wenn wir über die Zukunft der frühkindlichen Bildung sprechen, dann sprechen wir nicht über Verwaltungslogik. Dann reden wir über Kindheit und darüber, ob sie Raum zum Wachsen bekommt oder in Strukturen zerdrückt wird. Wer heute ein System entwirft, das mehr auf Arbeitszeitmodelle der Eltern als auf die Bedürfnisse von Kindern reagiert, verfehlt seinen

Auftrag. Es ist Zeit, umzudenken. Radikal. Vom Kind aus. Und nicht nur auf Papier, sondern im Alltag. In Strukturen. In Köpfen. Wenn wir uns wirklich trauen, vom Kind aus zu denken, dann darf die Kita nicht länger eine Einrichtung sein, die dafür sorgt, dass alles funktioniert. Dann wird sie zum Möglichkeitsraum. Und das bedeutet:
Ein Ort, der sich anpasst. Nicht ein Ort, der Kinder anpasst.

SYSTEMWECHSEL? JA BITTE. ABER NICHT HALBHERZIG.

Wir brauchen mehr als kosmetische Korrekturen. Mehr als neue Konzeptionspapiere, die dann doch wieder am Personalmangel scheitern. Was wir brauchen, ist ein kompletter Shift:

- 🌀 **Von Betreuung zu Beziehung.**
- 🌀 **Von Kontrolle zu Vertrauen.**
- 🌀 **Von Erwachsenenlogik zu Kindersicht.**

Das heißt:

- Kein Kind bleibt in der Kita, weil das System keine andere Option kennt.
- Kein Kind wird durch den Tag geschoben, weil der Wochenplan sagt: „Jetzt ist Musik."
- Kein Kind verliert seine Bedürfnisse aus dem Blick, weil es zu oft ignoriert oder übergangen wurde.

KITAS NEU DENKEN: NICHT LÄNGER FÜR, SONDERN MIT KINDERN

Radikal vom Kind aus denken heißt: Sich verabschieden. Von Routinen, die nur deshalb existieren, weil sie „schon immer so waren". Von Zeitstrukturen, die für Erwachsenenleben konzipiert wurden statt für Kinderbedürfnisse.

Von Raumkonzepten, in denen der viel zu kleine Gruppen-raum gleichzeitig Spielzimmer, Essplatz, Bastelraum, Rück-zugsort, Bewegungsfläche und Theaterbühne sein soll – am besten alles gleichzeitig.

WAS, WENN WIR DAS NICHT MEHR HINNEHMEN?

Das Kita-System funktioniert gerade nur, weil Kinder sich an-passen. Das darf nicht sein. Strukturen, die Kinder nicht schützen, gehören abgeschafft. Ein Kind, das seine Zeit je-den Tag in einer lauten, großen Gruppe verbringen soll, das jeden Tag „funktionieren" muss, weil sonst der Ablauf kippt, trägt ein System mit, für das es nie gemacht war. Wir müs-sen aufhören, so zu tun, als sei das normal. Es ist nicht nor-mal. Es ist strukturell gewordene Ignoranz. Und es ist unsere Verantwortung, das zu ändern. Nicht morgen. Heute.

Denn:

- **Freie Zeit ist ein Recht:** Kinder haben ein Recht auf unverplante, freie Zeit zum Spielen, Träumen, Nichtstun. Diese Zeit ist keine Lücke im Tagesplan, die einer Erklärung bedarf, sondern ein Grundbe-dürfnis und ein Schutzraum für seelische Gesund-heit, Kreativität und Selbstbestimmung.

- **Ein Nein zum Spiel des Kindes ist ein Ja zu seiner Überforderung:** Wenn Kinder nicht spielen dürfen, wenn ihr Spiel ständig unterbrochen oder durch Pro-gramme ersetzt wird, verlieren sie neben Freude auch ihre wichtigste Lernform.

- **Individualität darf kein Störfaktor im Ablauf sein:** Jedes Kind ist einzigartig. Wenn aber Individualität in Kitas nicht als Bereicherung gesehen wird, sondern als Störung eines reibungslosen Ablaufs, ist das fatal.

Was muss sich ändern? Stell dir vor...

- Alle machen alles? Nein! Gruppen, die bedürfnisorientiert begleitet werden, in wechselnden Kleingruppen, nach Interessen. Entlastend für Kinder und Fachkräfte.

- Fachkräfte, die nach ihrer eigenen Leistungskurve arbeiten dürfen, weil ausgeglichene Menschen auch liebevollere Kolleg:innen sein können.

- Eltern, die durch flexible Arbeitszeiten nicht gezwungen sind, einen Vertrag über zehn Stunden täglich (oder mehr) für ihre Kinder abzuschließen.

- Räume, die Rückzug erlauben: für Kinder und für die, die sie begleiten.

- Und Politik, die zuhört und sich motivieren lässt!

WAS SICH SYSTEMISCH ÄNDERN MUSS

1. **Flexibilisierung der Betreuungszeiten.** Nicht im Sinne von noch längeren Öffnungszeiten, sondern im Sinne von: Was passt zu den Kindern, nicht zu den Kalendern der Erwachsenen?

2. **Anerkennung individueller Rhythmen,** inklusive der Möglichkeit, dass nicht jeder Tag gleich ist. Kinder erleben Entwicklung in Schüben, nicht in Tabellen.

3. **Bessere Bedingungen für Fachkräfte,** weil dauerhaft überforderte Fachkräfte keine sicheren Beziehungen gestalten können. Bessere Bedingungen heißt: Weniger Kinder. Mehr Zeit. Mehr Selbstbestimmung. Mehr Vertrauen.

4. **Kooperation mit der Arbeitswelt.** Eltern brauchen Systeme, die ihnen Flexibilität erlauben. Eine kindgerechte Kita beginnt mit einer elterngerechten Arbeitskultur.

Liebe Fachkräfte, ihr seid Möglichmacher:innen. Und gerade deshalb braucht ihr Systeme, die euch tragen. Ihr braucht Mitspracherecht. Wirkliches.

- Ihr seid die Stimme der Kinder, vor allem dann, wenn sie selbst noch keine Worte haben.
- Ihr könnt Brücken bauen zwischen Eltern und Institutionen.
- Ihr könnt Veränderung anstoßen, wenn ihr zusammensteht, laut werdet, euch vernetzt.

Denn: Das System ändert sich nicht, wenn alle weitermachen wie bisher. Wir müssen vom Kind aus denken. Und zwar konsequent. Vielleicht ist die wichtigste Frage gar nicht: „Wie kann sich das Kita-System verändern?" Sondern: „Was sind wir bereit zu riskieren, um das Beste für Kinder zu ermöglichen?" Denn ja: Veränderung ist unbequem. Aber Nicht-Veränderung ist untragbar.

IM EINSATZ FÜR DIE KINDER
Echte Beziehung statt Betreuung auf Zeit.
„Nimm mich wahr. Nicht nur morgens beim Ankommen, sondern auch, wenn ich still, laut oder traurig bin."
Orientierung statt Dauerangebot.
„Hilf mir, mich zurechtzufinden, mit mir selbst, in der Gruppe, in dieser Welt. Und das in meinem Tempo."

Erwachsene, die den Kreislauf durchbrechen für eine gewaltfreie Kindheit.

„Ich will nicht, dass du mit mir schimpfst oder mich bestrafst. Ich will, dass du mich unterstützt und verstehst. Ich bin ich, und ich brauche dich an meiner Seite."

Räume, die einladen und nicht einschränken.

„Ich brauche Platz zum Spielen, Denken, Toben, Zurückziehen, aber ohne ständige Verbote."

Zeit, die uns gehört.

„Nicht alles nach Plan und mit strengen Vorgaben. Ich will spielen, entdecken, träumen, und das ohne Stoppuhr oder Lärmampel."

Verlässliche Menschen.

„Ich liebe PAW Patrol und Ladybug, aber was ich wirklich brauche, sind Menschen, die da sind. Für mich."

Echte Wertschätzung.

„Frag mich, was ich denke. Hör mir zu. Ich bin nicht zu klein, um wichtig zu sein."

FAZIT? KEIN FAZIT. EIN AUFRUF:

Wenn Kinder gesund, frei und selbstbewusst aufwachsen wollen, dann müssen wir ein Umfeld schaffen, das ihnen das ermöglicht. Die Zukunft beginnt jetzt. Mit dir. Mit uns. Mit einer Frage, die wir nie aus den Augen verlieren dürfen:

☞ Was brauchen Kinder von uns – und was hält sie davon ab, genau das zu bekommen?

Aus der Praxis: Die Kita der Zukunft

Stell dir vor, du kommst in die Kita und sofort ist da dieses Gefühl: Hier darf ich ankommen. Der Duft von frischem Kaffee liegt in der Luft. Im Kita-Café sitzen Eltern mit ihren Kindern, lachen, tauschen sich aus. Kein hektisches Bringen und Gehen, kein Stress. Stattdessen: Ein Ort der Begegnung.

Kinder bilden kleine Gruppen, weil sie etwas gemeinsam erleben wollen, nicht weil es im Plan steht. Manche frühstücken, andere bauen ein Raumschiff. Zwei Kinder nehmen Tablets mit nach draußen: Sie wollen ein Trickfilmprojekt starten. Eine Fachkraft geht mit ein paar Kindern durch den von Kindern entworfenen Tunnel aufs Außengelände, eine andere begleitet eine Gruppe ins Kita-eigene „Space-Center", das mit Materialien und Ideen nach Vorbild der NASA gestaltet wurde.

Ein Kita-Alltag, der Kindern gehört

Es gibt keinen Gong, kein Pflichtprogramm, kein „jetzt ist Musikzeit". Der Tag beginnt mit der Frage: Was wollen wir heute tun? Die Kinder sprechen sich ab. Sie lernen zu formulieren, zuzuhören, sich einzufühlen. Und sie spüren: Meine Stimme zählt. Fachkräfte begleiten die Kinder dabei. Sie greifen Ideen auf, helfen, wenn Unterstützung gebraucht wird, lesen vor, spielen mit, hören zu. Sie zeigen Möglichkeiten auf, ohne die Richtung vorzugeben.

Entwicklung wird nicht abgehakt, sie wird gelebt. Es gibt Raum für Beobachtung und individuelle Begleitung. Wenn das nicht ausreicht und Kinder eine andere Form von Unterstützung brauchen, ist ein Team von Therapeut:innen und Psycholog:innen vor Ort, die den Kindern vertraut sind.

Räume, die sich mit den Kindern bewegen

In dieser Kita ist nichts starr. Die Räume wachsen mit den Kindern mit. Möbel lassen sich verschieben, Räume verwandeln sich täglich. Heute wird der Bewegungsraum zur Raumstation, morgen zum Pferdestall mit Reitparcours. Die Kinder sind Mitgestalter:innen. Ihr Spiel beeinflusst die Architektur. Auch digitale Medien gehören dazu. Kinder fotografieren ihre Projekte, vertonen Geschichten, erstellen kleine Filme. Ein Kind nimmt eine Sprachnachricht für die Oma auf, ein anderes dokumentiert per Video ein Experiment, Medienpädagogik als Ausdrucksform.

Starke Gefühle? Willkommen

Und weil der Alltag auch überfordert, weil Wut, Angst und Frust dazugehören, wird *mit* diesen Gefühlen gearbeitet – nicht *dagegen*. Es gibt Emotionskarten, Achtsamkeitsrituale, Rückzugsorte. Kinder lernen: „Was ich fühle, darf sein. Und ich muss es nicht allein aushalten." Auch Fachkräfte werden unterstützt: Supervision, Coaching und kollegiale Beratung sind fester Bestandteil der Arbeit. Denn: Wer hält, braucht auch selbst Halt.

Gesunde Arbeitskultur für Fachkräfte

In der Kita der Zukunft arbeiten Fachkräfte in einem System, das ihre individuellen Bedürfnisse ernst nimmt. Dienstpläne folgen ihrer individuellen Leistungskurve und wer morgens mit Kindern auf Abenteuerreise geht, hat am Nachmittag Raum für Auswertung, Austausch oder ruhigere Aufgaben. Die Arbeitszeit ist aufgeteilt in Präsenz, Planung und Reflexion, und niemand steht dauerhaft allein in einer Gruppe. Diese Bedingungen machen die Kita attraktiv für neue Fachkräfte. Personalmangel? Nö.

Vielfalt wird gelebt

In dieser Kita gibt es nicht *das* Kind und auch keinen einheitlichen Ablauf für alle. Einige Kinder ziehen sich zurück und spielen gern allein, andere suchen Kontakt und fühlen sich in lauten, wuseligen Gruppen am besten aufgehoben. Manche wechseln mehrmals am Tag zwischen Gruppe und Alleinspiel. Manche benötigen Begleitung, andere nicht. Diese Kita ist inklusiv und flexibel: Sie lässt Raum für Neurodivergenz, für unterschiedliche Kommunikationsformen, für individuelle Tagesrhythmen. Kinder lernen hier ihre eigenen Grenzen kennen und wahren, ohne dass sie sich einem starren System anpassen müssen.

Ein Ort für Familien

Eltern bringen nicht einfach ihr Kind und gehen. Sie sind Teil der Gemeinschaft. Sie starten mit einem Kaffee, bleiben zum Frühstück, lesen eine Geschichte vor, begleiten ein Projekt. Oder sie ziehen sich in den Co-Working-Raum zurück, wenn das von ihrer Tätigkeit aus möglich ist – mit WLAN, Ruhezone und Meetingmöglichkeit. Warum Familie und Arbeit trennen, wenn beides voneinander profitieren kann?

Diese Kita denkt weiter: Hier gibt es Räume für gemeinsames Arbeiten, Elternprojekte, kleine Gründungen, Geburtstagsfeiern. Vielleicht entsteht hier eine Eltern-Kinder-Werkstatt, ein Familienpodcast, ein Repair-Café, ein Ort für Weiterbildungen oder gemeinsame Kreativ-Workshops, Thementage oder Kleidertauschmärkte. Vielleicht wird der Bewegungsraum am Abend zum Kino. Popcornduft zieht durch das Haus, ein Trickfilm läuft, von den Kindern selbst gedreht. Danach sitzen Familien beisammen. Und all das passiert organisch aus der Gemeinschaft heraus. Fachkräfte, Eltern,

Kinder, aber auch Menschen aus der Nachbarschaft bringen sich ein, je nach Lust, Zeit und Möglichkeiten. Die Kita wird so zu einem sozialen Herzstück im Viertel.

Gelebte Demokratie von Anfang an

Einmal pro Woche und zwischendrin bei Bedarf: Kinderrat. Sitzkreis, Stehkreis, Sprechstein. Kinder bringen ein, was sie bewegt: „Wir wollen länger draußen bleiben." – „Ich will nicht allein im Schlafraum sein." – „Können wir eine Lese-ecke bauen?" Es wird diskutiert, abgestimmt und ausprobiert. Entscheidungen werden gemeinsam getroffen und nicht über Kinder hinweg. Doch die Demokratie hört nicht am Kita-Tor auf. Die Kinder besuchen das Rathaus, laden Politiker:innen ein, schreiben Briefe an die Bürgermeisterin mit bunten Zeichnungen und klarer Botschaft: „Wir haben etwas zu sagen." Und sie haben Mitspracherecht, wenn neue Räume entstehen. Sie gestalten Fenster, Lichtquellen, Klettertunnel. Türen auf Kinderhöhe.

Die Stadt wird zum Lernort

Auch das Stadtviertel verändert sich durch diese Kita. Gehwege werden zu Erzählpfaden. Zebrastreifen zu farbenfrohen Kunstwerken. Es gibt Klangstationen auf dem Weg zur Kita, kleine Bühnen in Parkanlagen, Sitzplätze in Kindergröße. Keine Trennung zwischen der Welt der Kinder und der Erwachsenen. Kinder gestalten mit. Was sie schaffen, folgt nicht dem Prinzip der Nützlichkeit, sondern dem der Freude. Und genau deshalb inspiriert es uns alle.

Die Kita der Zukunft ist da, wenn wir sie möglich machen.

WAS BEDEUTET DAS FÜR DAS SYSTEM KITA UND UMWELT?

1. Bedürfnisorientierte Gruppenzusammensetzung

In diesem Konzept stehen die individuellen Interessen, Bedürfnisse und der jeweilige Entwicklungsstand der Kinder im Mittelpunkt. Nicht Alter, Gruppengröße oder ein fester Tagesplan. Statt strikter Gruppeneinteilung finden sich Kinder flexibel in kleinen, sich wandelnden Gruppen zusammen. Diese Gruppenkonstellationen entstehen aus dem, was die Kinder gerade beschäftigt, was sie teilen möchten oder was ihnen guttut. Im Tagesverlauf ergeben sich immer wieder neue Kleingruppen, in denen Kinder miteinander in Beziehung treten, spielen, forschen oder sich ausruhen. Diese Gruppen sind nicht dauerhaft festgelegt, sondern entstehen und verändern sich organisch, in Resonanz mit dem Alltag. Das kann auch bedeuten, dass aus einer „festen" Gruppe (oder aus einem Zusammenschluss von zwei oder drei Gruppen) im Laufe des Tages mehrere wechselnde Kleingruppen entstehen.

2. Fachkräfte begleiten in kleinen Gruppen

Fachkräfte sind nicht für große Kindergruppen zuständig. Stattdessen begleiten sie kleine Gruppen über den Tag hinweg und gestalten pädagogische Prozesse mit Nähe, Zeit und Aufmerksamkeit. Auch sie wechseln mit den Kindern mit und orientieren sich an den individuellen Bedürfnissen. Diese Form der Begleitung schafft Raum für echte Begegnung: Fachkräfte können auf nonverbale Signale eingehen, individuelle Bedürfnisse erkennen und Kinder gezielt unterstützen, ohne die Überforderung, die in Großgruppen häufig entsteht. Auch Ausflüge oder Projekte finden in kleinen Gruppen statt.

3. Individuelle Entwicklungsbegleitung

Standardisierte Entwicklungstabellen oder pauschale Beurteilungen gehören der Vergangenheit an. Stattdessen stehen achtsame Beobachtungen im Mittelpunkt. Fachkräfte haben Zeit, Ruhe und achten auf das einzelne Kind. Sie arbeiten eng mit Psycholog:innen und Therapeut:innen in der Kita sowie externen heilpädagogischen Fachstellen zusammen, um Kinder feinfühlig und individuell zu begleiten.

4. Flexibilität für Fachkräfte

Gute pädagogische Arbeit braucht gute Bedingungen. Dienstpläne orientieren sich bestmöglich an den Biorhythmen und Lebensrealitäten der Fachkräfte. Flexible Arbeitszeiten, Mitbestimmung bei der Einsatzplanung und echte Pausen sorgen dafür, dass Fachkräfte präsent, ausgeglichen und engagiert arbeiten können.

5. Offenes, vertrauensvolles Miteinander

Eltern sind willkommen. Sie nutzen das Kita-Café als Schleuse, zum Entspannen, Spielen mit Kindern oder Arbeiten im Co-Working-Space.

6. Freiraum für alle Beteiligten

Die Kita bietet allen Beteiligten die Zeit und den Raum, die sie brauchen, in einem Umfeld, das von Vertrauen und gegenseitigem Respekt geprägt ist.

7. Medienkompetenz als Alltagspraxis

Digitale Werkzeuge gehören dazu und werden sinnvoll und kreativ genutzt. Fachkräfte begleiten Kinder beim bewussten Umgang mit Medien und unterstützen auch Eltern durch Info-Veranstaltungen und Literatur vor Ort. Erwachsene sind sich ihrer Vorbildrolle bewusst und handeln entsprechend.

8. Emotionale Bildung ist selbstverständlich

In der Kita wird *mit* Emotionen gearbeitet, nicht *gegen* sie. Kinder und Erwachsene lernen, Gefühle zu erkennen, zu benennen und damit umzugehen. Emotionale Bildung findet im Alltag statt: in Konflikten, im Spiel, im Miteinander.

9. Kinder gestalten mit

Kinder werden in alle für sie relevanten Entscheidungen einbezogen, so u. a. bei der Gruppengröße, dem Ablauf, den Bezugspersonen in der Kita, der Raumgestaltung und auch bei Regeln. Ihre Perspektive ist stets handlungsleitend für Erwachsene.

10. Kita als Sozialraum

Die Kita ist ein lebendiger Ort der Begegnung. Menschen kommen zusammen und bringen sich mit ihren Ideen, ihren Stärken oder ihrer Zeit ein.

Das klingt nach einem Traum: utopisch, unerreichbar und zunächst auch nicht umsetzbar. Dabei ist es ein Modell, das auf den Grundbedürfnissen von Kindern und Fachkräften aufbaut. Stell dir vor, es hätte nie eine andere Kita gegeben und all das wäre völlig selbstverständlich:

In welches System wären Kinder hineingeboren worden, welche Erfahrungen hätten wir selbst dort als Kinder gemacht?

Spinn diese Ideen ruhig noch ein wenig weiter. Ergänze, was dir einfällt und was du dir für deine Arbeit wünschst.

Platz für deine Notizen

KURZ GESAGT
Lass uns mal in die Ferne schauen

Langfristig führt diese kindzentrierte Pädagogik dazu, dass Kinder zu Erwachsenen werden, die fachlich kompetent sind, sich aber auch emotional sicher fühlen und empathisch sind. Sie haben gelernt, sich selbst zu reflektieren, Verantwortung zu übernehmen und in einer dynamischen, sich ständig verändernden Welt flexibel und respektvoll zu handeln. Diese Art der Bildung hat weitreichende Auswirkungen auf das gesellschaftliche Miteinander: Konflikte können besser gelöst werden, weil von Anfang an gelernt wurde, Bedürfnisse wahrzunehmen, ihnen Raum zu geben und konstruktiv zu kommunizieren.

Für die Fachkräfte bedeutet es eine dauerhafte Verbesserung ihrer Arbeitsbedingungen und eine tiefere Bindung an ihre Arbeit. Und auch die Eltern profitieren von einem System, das Flexibilität und Inklusion fördert, sodass Familie und Beruf besser miteinander vereinbar sind.

In einer solchen Kita wächst eine Gesellschaft auf, die in der Lage ist, Veränderung anzustoßen, Vielfalt zu schätzen und sich gegenseitig zu unterstützen.

Meine Gedanken zum Schluss

Ich hoffe, du kannst aus diesem Buch viel Gutes für dich mitnehmen. Vielleicht hat es dich beim Lesen bestärkt und ermutigt, vielleicht auch an manchen Stellen herausgefordert. Es wird Gedanken geben, die du teilst, und solche, die nicht zu dir passen. Nimm dir das, was stimmig ist, was dir guttut, was euch im Team weiterhilft.

Der Weg zu mehr Selbstbestimmung im Arbeitsalltag ist nicht leicht, das weiß ich nur zu gut. Aber er ist entscheidend, wenn du erfüllter arbeiten und dabei gesund bleiben willst.

Du kennst die Hürden selbst: Überforderung, unrealistische Erwartungen, chronische Unterbesetzung. Und immer wieder dieser Druck, die eigenen Grenzen zu übergehen, ob für andere, fürs Team oder für die Kinder.

Doch deine Bedürfnisse zählen. Sie dürfen nicht länger übergangen werden, auch nicht von dir selbst. Selbstbestimmung heißt: dir selbst Raum geben, deine Grenzen ernst nehmen und gut für dich sorgen. Das ist nicht egoistisch im negativen Sinn, sondern ein gesunder Selbstschutz und die Grundlage für ein starkes Miteinander im Team.

Lass dich nicht kleinmachen, weder von äußeren Umständen noch von unrealistischen Erwartungen oder Vorgaben, die mit deinem Alltag wenig zu tun haben. Vieles davon wird außerhalb deiner Praxis entschieden, oft ohne genug Einblick. Umso wichtiger ist es, dass es Gegenwind gibt, der ankommt. Und Gegenwind kann unterschiedlich aussehen. Wir können kritisieren, wir können klagen oder jammern. Oder wir können Vorschläge machen. Frag dich dabei ruhig: *Welche Form von Gegenwind empfinde ich als hilfreich und ansprechend? Was würde mich ermutigen, aktiv zu werden?* Auch hier sind die Punkte Klarheit, Kommunikation und Kooperation (Kapitel 6) hilfreich.

Vertrau auf dich und deine Expertise. Du bringst so viel mit: Erfahrung, Wissen, Haltung. Nutze das. Jede kleine Entscheidung, die du triffst, macht einen Unterschied, selbst wenn du ihn nicht sofort siehst.

Ja, der Weg kann unbequem werden. Echte Veränderung beginnt selten da, wo alles leicht ist. Sie entsteht dort, wo wir den Mut aufbringen, für das einzustehen, was uns wirklich wichtig ist, auch wenn's Kraft kostet.

Schritt für Schritt kannst du das Arbeitsumfeld mitgestalten, das dich, die Kinder und das Team stärkt. Und du musst nicht alles auf einmal verändern. Aber du darfst losgehen. Und genau jetzt ist ein guter Moment dafür.

Was wird dein erster Schritt?

Veränderungsprozess: Dein Weg in die Selbstbestimmung

Veränderung ist wie eine Reise – Jeder Schritt zählt!

Aufbrechen & Umdenken
1. Vorbereitungsphase
„Irgendetwas muss sich ändern!"

- Du erkennst, dass etwas nicht mehr funktioniert.
- Du fühlst Widerstand und Unsicherheit.
- Die Erkenntnis kommt: „Ich will etwas anderes! Ich muss handeln!"

Beispiel: Du merkst, dass du ausgebrannt bist und mehr auf dich achten willst.

Veränderung wagen
2. Veränderungsphase
„Ich versuche etwas Neues!"

- Du lässt dich auf neue Ideen ein.
- Es fühlt sich noch holprig an. Alte Muster sind schwer loszulassen.
- Du bist am Lernen, Wachsen und Entdecken.

Beispiel: Du integrierst Selbstfürsorge in deinen Alltag.

Stabilisieren & Gewöhnen

3. Verfestigungsphase

„Das fühlt sich gut an!"

- Deine neue Denkweise wird zur Gewohnheit.
- Die Veränderung wird zur neuen Norm.
- Du merkst, dass du stärker und stabiler wirst.

Beispiel: Du hast eine neue Routine entwickelt und hältst dich an gesunde Grenzen.

Dranbleiben & Festigen

4. Nachhaltigkeitsphase

„Ich bleibe dran!"

- Du überprüfst regelmäßig deinen Fortschritt.
- Du nutzt deine Stärken, um Rückschläge zu überwinden.
- Du bleibst fokussiert und motiviert.

Beispiel: Du reflektierst und passt deine Gewohnheiten an, um auf Kurs zu bleiben.

Veränderung verläuft nicht gradlinig! Sie ist ein kontinuierlicher Prozess. Die wichtigsten Schlüssel sind:

- **Selbstreflexion** – Reflektiere regelmäßig und sei dir bewusst, wo du stehst.
- **Geduld** – Veränderung braucht Zeit. Sei geduldig mit dir selbst!
- **Unterstützung** – Such dir Menschen, die dich unterstützen und mit dir wachsen.

Empowerment-Toolkit fürs Team 🔧

Der Ausstiegsknopf
Selbstfürsorge
für stressige
Momente 🔧

ANHANG

🔧 **Eine gemeinsame Vision**
Das Team-Tool
für mehr Klar-
heit und Haltung

Mein Unter-stützungsnetz
Für mehr
🔧 Sichtbarkeit

Empowerment-Toolkit fürs Team

Dieses Toolkit enthält einfache, aber wirkungsvolle Impulse, die du mit deinen Kolleg:innen ausprobieren kannst. Ihr braucht dafür keinen extra Teamtag (aber der wäre natürlich super).

◇ Die Mut-Wand

Material: Pinnwand oder Flipchart, bunte Zettel, Marker

Frage: Was willst du in der Kita schon lange mal verändern, nur bisher fehlte dir der Mut, es anzusprechen?

Ob anonym oder offen: Notiert Wünsche, Ideen, Beobachtungen. Nichts wird kommentiert oder bewertet. Am Ende der Woche sucht ihr euch einen Punkt aus, mit dem ihr startet. Wendet dafür zum Beispiel die SMART-Regeln an oder sucht nach einer passenden Methode, die euch durch den Lösungsprozess begleitet.

◇ Empowerment-Mini-Brainstorming

Material: Karten, Stifte/Marker

Schreibt die Fragen auf kleine Kärtchen:

- Was bremst dich aktuell in deiner Arbeit?
- Wo hast du das Gefühl, nichts entscheiden zu dürfen – würdest es aber gern?
- Was möchtest du heute anders machen?
- …

Jede Person zieht 1 bis 2 Karten, stellt sie in der Kleingruppe oder im Großteam vor und teilt ihre Gedanken dazu. Diese werden von der Gruppe nicht bewertet oder diskutiert, sondern nur angehört.

◇ **Das „Wenn ich entscheiden könnte"-Plakat**
Material: Plakat oder bunte Zettel, Stifte
Überschrift: „Wenn ich heute entscheiden könnte, dann …"

Schreibt eure Ideen, Veränderungen, Träume auf, egal wie groß oder klein. Einmal im Monat wählt ihr gemeinsam eine Idee aus, die ihr ausprobiert. Wendet auch hier die SMART-Regeln an oder sucht nach einer passenden Methode, die euch bei der Umsetzung hilft.

◇ **Teamradar: Was brauchen wir gerade?**
Jede Person erhält drei Klebepunkte und bringt sie an:

- Was brauchen wir als Team gerade am meisten?
  - Mehr Austausch
  - Weniger Papierkram
  - Klarere Regeln
  - Mehr Humor
  - Mehr echte Pausen
  - Bessere Kommunikation mit der Leitung
  - Einen Raum für unsere Ideen
  - …

Nehmt die Top-3-Wünsche als Anlass für ein erstes Gespräch und versucht für jeden dieser Wünsche mindestens eine Lösung zu finden.

✦ **Bonus-Impuls: Empowerment-Buch für die Gruppe**
Legt ein Heft oder Buch aus mit dem Titel: „Was ich heute gebraucht hätte." Füllt es aus, auf freiwilliger Basis. Irgendwann schaut ihr gemeinsam rein und erkennt Muster. Und dann redet ihr drüber und ändert, was sich ändern lässt.

Tipp: Diese Ideen können natürlich auch angepasst und gemeinsam mit Kindern und/oder Eltern umgesetzt werden!

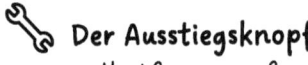

Der Ausstiegsknopf
Selbstfürsorge für stressige Momente

Dieses Tool hilft dir dabei, in stressigen Momenten kurz auszusteigen, durchzuatmen und dich neu zu sortieren.

Was du benötigst:
- Ein Blatt Papier
- Einen Stift

Schritt 1: Deine aktuellen Stressfaktoren identifizieren
Überlege dir zunächst, was dich in deinem Arbeitsalltag am meisten stresst. Vielleicht sind es die vielen Aufgaben, die unvorhergesehenen Unterbrechungen oder die ständige Überlastung im Team. Liste die Faktoren auf, die dir am meisten zusetzen.

Beispiele:
- Viele unvorhersehbare Anforderungen von Eltern.
- Unzureichende Kommunikation im Team.
- Ich werde ständig abgelenkt.

Schritt 2: Der Ausstiegsknopf – Was brauchst du in diesem Moment?
Jeder Auslöser für Stress erfordert eine eigene Reaktion. Welche kleinen oder großen Handlungen könnten dir helfen, dich in einem stressigen Moment zu „resetten"? Denke dabei an Methoden, die du schnell und in deinem Kita-Alltag anwenden kannst, um dich zu entlasten.

Beispiele:

- Ein kurzer Moment der Stille, um durchzuatmen.
- Ein Gespräch über den aktuellen Stressfaktor und mögliche Unterstützung.
- Ein Spaziergang, um den Kopf freizubekommen.
- Konzentriertes Arbeiten in einem anderen Raum.

Schritt 3: Deine persönlichen Ausstiegspunkte definieren
Nun, da du weißt, was dir in stressigen Momenten helfen kann, notiere dir konkrete Ausstiegspunkte für jede Stresssituation, die du identifiziert hast. Diese Punkte sind wie ein Notfallplan, den du im Falle von Überforderung direkt anwenden kannst.

Beispiele:

- **Stressfaktor:** Zu viele unvorhersehbare Anforderungen von Eltern.
  Ausstiegspunkt: Ich nehme mir fünf Minuten Zeit, um mir eine Tasse Tee zu machen und bewusst tief durchzuatmen. Währenddessen reflektiere ich, was heute noch wichtig ist. Ich plane dann, wann ich das Gespräch mit den Eltern führen kann, ohne mich überfordert zu fühlen.

- **Stressfaktor:** Unzureichende Kommunikation im Team.
  Ausstiegspunkt: Ich bitte meine Kolleg:innen um ein kurzes Team-Meeting, damit wir die aktuellen Aufgaben besprechen können. Das entlastet mich, und wir finden eine bessere Struktur für die Aufgabenverteilung.

- **Stressfaktor:** Ich werde ständig abgelenkt.
  Ausstiegspunkt: Aufgaben, die Konzentration erfordern, erledige ich nicht im Gruppen- oder Personalraum. Ich suche mir stattdessen einen Bereich, in dem ich ungestört arbeiten kann.

Schritt 4: Dein Ausstiegsknopf als Team-Tool

Entwickelt gemeinsam Ausstiegspunkte für stressige oder belastende Situationen. Wenn ihr im Team erkennt, wann ihr an Grenzen kommt, könnt ihr euch gegenseitig unterstützen und für Entlastung im Klein- und/oder Großteam sorgen.

Schritt 5: Reflexion

Setze dir regelmäßig einen festen Zeitpunkt (zum Beispiel einmal im Monat), um zu reflektieren, wie oft du deinen Ausstiegsknopf in den vergangenen Wochen genutzt hast. Überlege, welche Techniken dir geholfen haben und was du vielleicht noch anpassen möchtest. Dein Ausstiegsknopf wird so zu einem wichtigen Tool, das dich immer unterstützen kann, wenn es herausfordernd wird.

Eine gemeinsame Vision
Das Team-Tool für mehr Klarheit und Haltung

Eine gemeinsame Vision gibt Orientierung. Sie macht Entscheidungen nachvollziehbar und verbindet Menschen, die sehr unterschiedlich sind, in ihrer Haltung und ihrem „Warum".

Eine Vision beantwortet die Fragen:
Was wollen wir den Kindern wirklich mitgeben? Und was bedeutet das für unser Miteinander?

Wie eine gemeinsame Vision entstehen kann

◇ **Raum schaffen für ehrlichen Austausch**

Eine echte Vision kann nicht „von oben" kommen. Sie muss gemeinsam wachsen. Nehmt euch im Team bewusst Zeit für Fragen wie:

- Warum machen wir diesen Beruf?
- Was liegt uns am meisten am Herzen, wenn es um die Kinder geht?
- Welche Werte spüren wir in unserer Arbeit und welche wollen wir stärken?

Ob in Kleingruppen, bei einem Teamtag oder in Etappen während der Dienstbesprechungen: Wichtig ist, dass jede Stimme zählt.

◇ **Werte und Ziele sichtbar machen**

Wenn erste Ideen gesammelt sind, geht es ans Sortieren und Konkretisieren:

- Welche Werte tauchen immer wieder auf? (Vertrauen, Neugier, Partizipation etc.)

- Welche übergeordneten Ziele ergeben sich daraus?
- Wie würden wir unsere Vision in ein bis drei Sätzen zusammenfassen?

Ein gemeinsames Plakat, ein Moodboard oder eine symbolische Darstellung können helfen, diese Vision auch emotional greifbar zu machen.

◇ **Vom Papier in den Alltag**

Die schönste Vision nützt wenig, wenn sie im Konzeptordner verschwindet. Deshalb: Lasst sie leben.

- Beginnt Teamrunden mit einem kurzen Vision-Impuls (als Beispiel: „Welchen Teil unserer Vision habe ich diese Woche erlebt?").
- Baut einmal im Monat eine Mini-Reflexion ein: Was läuft schon im Sinne unserer Vision und wo hakt's?
- Feiert Erfolge: Haltet fest, wann eure Werte sichtbar werden, vielleicht in einem Gespräch mit Kindern, einer Interaktion mit Eltern oder im Team.

◇ **Rituale entwickeln, die die Vision tragen**

Eine Vision wird stark, wenn sie erlebbar wird. Zum Beispiel durch:

- Einen „Visionstag" pro Jahr, an dem das Team zurückblickt, reflektiert und sich neu ausrichtet.
- Eine Vision-Kerze oder Symbolfigur, die bei Team-sitzungen in die Mitte gestellt wird.
- Eine „Vision in Aktion"-Wand im Personalraum, auf der alle Teammitglieder kleine Momente festhalten, in denen die Vision spürbar war.

Und zum Schluss:

Eine Vision ist nie fertig. Sie wächst mit dem Team, den Kindern, der Zeit. Aber sie lohnt sich, weil sie hilft, nicht im gewohnten Alltag zu versinken. Stattdessen könnt ihr gemeinsam den Blick auf das richten, was wirklich für euch zählt.

Tipp: Bezieht die Kinder mit ein. Fragt sie:

- Was wünscht ihr euch von uns?
- Was fehlt euch hier?
- Was findet ihr richtig gut?

So könnt ihr regelmäßig überprüfen, ob ihr euch auch wirklich an den Themen der Kinder orientiert.

Mein Unterstützungsnetz
Für mehr Sichtbarkeit

Meist merken wir gar nicht, wie viele Menschen uns bereits umgeben, auf die wir zählen können, oder wie viele wir selbst schon unterstützen. Dieses Tool hilft dir, dein persönliches Netzwerk zu visualisieren, Lücken zu erkennen und neue Impulse zu setzen.

So funktioniert's: Nimm dir zehn bis fünfzehn Minuten Zeit und ein Blatt Papier. Zeichne dich selbst als Kreis in die Mitte. Dann arbeite in vier Kreisen nach außen:

1. Kreis: Direkt im Kita-Alltag
Wer unterstützt dich im Alltag konkret?
☞ Kolleg:innen, Teamleitung, Praktikant:innen, Kooperationspartner:innen...

2. Kreis: Fachlicher Austausch
Mit wem sprichst du über pädagogische Fragen, Herausforderungen, Ideen?
☞ Supervision, Coaching, Fachberatungen, externe Fortbildungen, Online-Foren...

3. Kreis: Persönliches Netzwerk
Wer ist für dich da, auf bestärkende Weise?
☞ Freund:innen, Familie, Lebenspartner:in, Nachbar:in, Sportgruppe...

4. Kreis: Noch ungenutzt oder möglich
Wen würdest du gern (mehr) einbeziehen? Wo spürst du einen Bedarf nach Unterstützung oder Austausch?
☞ Gibt es jemanden, den du ansprechen könntest? Ein Netzwerk, das du aufbauen möchtest?

⁜ Reflexionsfragen dazu:

- Wo ist dein Netzwerk schon stark?
- Wo wünschst du dir mehr Unterstützung, ob fachlich, emotional oder strukturell?
- Was wäre ein erster kleiner Schritt, um eine Verbindung zu stärken oder neu entstehen zu lassen?
- Und wie kannst du andere stärken?

Platz für deine Notizen

QUELLEN

Bertelsmann Stiftung (2024): Dramatisch hohe Krankheitsausfälle beim Kita-Personal erfordern Antwort der Politik. URL: https://www.bertelsmann-stiftung.de/de/themen/aktuelle-meldungen/2024/august/dramatisch-hohe-krankheitsausfaelle-beim-kita-personal-erfordern-antwort-der-politik (letzter Zugriff: 16.4.2025).

Duden (2025): Empowerment. https://www.duden.de/rechtschreibung/Empowerment (letzter Zugriff: 29.4.2025).

Frech, V. (2021): „Erkennen, fühlen, benennen..." Grundlagen der emotionalen Entwicklung im frühen Kindesalter. In: Das Kita-Handbuch. URL: https://www.kindergartenpaedagogik.de/fachartikel/psychologie/erkennen-fuehlen-benennen-grundlagen-der-emotionalen-entwicklung-im-fruehen-kindesalter/ (letzter Zugriff: 31.5.2025).

GEW (2024): GEW-Umfrage belegt: 91 Prozent arbeiten über Belastungsgrenze hinaus. URL: https://www.gew-sh.de/aktuelles/detailseite/ergebnisse-kita-umfrage (letzter Zugriff: 16.4.2025).

Kuschik, K. (2022): 50 Sätze, die das Leben leichter machen. Ein Kompass für mehr innere Souveränität. Hamburg: Rowohlt.

Peterson, Ch. & Seligman, M. (2004): Character Strengths and Virtues: A Handbook and Classification. American Psychological Association / Oxford University Press.

Rosenberg, M. (2016): Gewaltfreie Kommunikation. Eine Sprache des Lebens. 12. Auflage. Paderborn: Junfermann.

Stangl, W. (2025): Empowerment. https://lexi-kon.stangl.eu/13408/empowerment (letzter Zugriff: 30.4.2025).

SWR (2023): Kita-Fachkräfte in RLP: „Wir können Kindern keine gute Betreuung bieten". URL: https://www.swr.de/swraktuell/rheinland-pfalz/kita-fach-kraefte-in-rlp-koennen-keine-gute-betreuung-bieten-um-frage-100.html (letzter Zugriff: 16.4.2025).

Diese **Fachbücher** liefern weitere wertvolle Einblicke und Gedanken, die mich zum Schreiben dieses Buches angeregt haben:

Blattmann, M. (2022): Sie verlassen nun die Komfortzone. Schritte zum Erfolg. Freiburg: Herder.

Halfmann, K. (2023): Haltung. Ein Praxisbuch für mehr Pro-fessionalität im pädagogischen Alltag. Hamburg: Rowohlt.

Reisinger, A. (2018): Unsere Krippe. Ein Ort zum Wohlfüh-len. Das Praxisbuch zur Alltagsqualität. München: Don Bosco.

Schmitz, S. (2022): Ich sehe dich und verstehe, was du brauchst. 5 pädagogische Grundorientierungen zur Ent-wicklungsbegleitung. München: Don Bosco.

Stamer-Brandt, P. (2019): Die Wohlfühl-Kita. Den eigenen Berufsalltag gestalten. Freiburg: Herder.

Themann, D. (2021): Stress und Burnout bei ErzieherInnen. Baden-Baden: Tectum.

Bisher erschienen

Mira Wolters
Hochsensible Kinder in Krippe und Kita:
Erkennen – Verstehen – Begleiten.
ISBN: 978-3-7578-2834-9

Was wir von Hunden lernen können:
Große Gruppen in der Kita.
ISBN: 978-3-7583-1216-8

Adultismus in der Krippe:
Erkennen – Verstehen – Verändern.
ISBN: 978-3-7597-7687-7

Kinder müssen uns nicht passen.
Sie sind ja kein Kleidungsstück.
ISBN: 978-3-8192-4448-3

Lena Schneider
Neurodivergente Kinder in der Kita:
Ein Leben abseits der Norm.
ISBN: 978-3-7597-5180-5

Lass doch einfach los. Warum lieb gemeinte
Ratschläge nicht immer hilfreich sind.
ISBN: 978-3-7597-4359-6